PREMIÈRES

Direction éditoriale : Stéphane Chabenat
Éditrice : Zoé Laboret
Conception graphique et mise en pages : Soft Office
Conception graphique de la couverture : 2Li

Les Éditions de l'**Opportun**
16, rue Dupetit-Thouars
75003 Paris
www.editionsopportun.com

DORICA LUCACI

PREMIÈRES

POLITIQUE, SCIENCES, ARTS, CULTURE...
50 FEMMES PIONNIÈRES

Les Éditions de l'Opportun

« Chaque femme, comme chaque homme,
ne doit-elle pas se frayer une route
d'après son caractère et ses talents ? »

Mme de Staël, femme de lettres

Aux hommes de ma vie :
mon père, mon mari, mon fils

SOMMAIRE

HONNEUR ET PATRIE : LES FEMMES ET LA GUERRE

FILLES D'ATHÉNA : LES FEMMES ET LA SCIENCE

LES FEMMES, LES LETTRES ET LES ARTS

EXPLORATRICES, VOYAGEUSES ET AVENTURIÈRES

FEMMES POLITIQUES ET MILITANTES

LES INCLASSABLES

LES ODIEUSES

AVANT-PROPOS

L'héroïsme au féminin

Pour la première fois, une femme…

Vous allez lire – si vous acceptez de tourner cette page, puis les suivantes – un livre sur **les pionnières.** Oui, c'est dans l'air du temps de parler des femmes, de leurs exploits, penserez-vous. Un sujet à la mode…

Mais ne vous hâtez pas de ranger cet opus parmi ceux qui intéresseront les seules féministes. Quitte à provoquer un peu, je dirais même qu'il s'adresse plutôt aux *autres*: aux adversaires, certes, mais aussi et **surtout à tous ceux qui – comme vous et moi – s'intéressent au thème sans pour autant le maîtriser de bout en bout.**

Le sujet est là, ma bibliographie est prête, et pourtant je peine à démarrer. Depuis une semaine trottent dans ma tête quelques phrases lues dans *Un été avec Homère*. En connaissance de cause, Sylvain Tesson observe que **l'homme d'aujourd'hui a pour ambition d'être une victime.** En cela, constate-t-il, nous sommes loin, très loin, de nos perspicaces ancêtres!

Plus généralement, en littérature, **les héros – et aussi les héroïnes – dressent leur silhouette majestueuse contre les autres mous, froussards, lâches, traîtres à eux-mêmes et au monde…** C'est pour cela qu'on les aime, qu'on les admire, qu'on les prend pour modèles. Enfin… c'était ainsi jusqu'à il y a peu. Mais quel est le rapport avec le sujet de ce livre ?

Les disparités entre les hommes et les femmes dans notre monde, que ce soit dans la vie de famille, au travail ou dans la société, ne datent pas d'hier. L'histoire – la grande – regorge de ces exemples affligeants où la femme ne peut mener la vie qu'elle souhaite parce qu'un père, un mari ou un frère, la société tout entière, en a pris les rênes. Mais alors que les choses commencent à peine à s'arranger (et il était temps !), **il arrive déjà qu'elles glissent vers de dangereux dérapages**. Et voilà qu'entre la nécessité légitime que la femme prenne sa juste place dans la société, en égale de l'homme, et les « excès » auxquels on assiste aujourd'hui on a souvent du mal à se situer.

Toutes les semaines, nous apprenons par les médias que tel ou tel poste important a été pourvu – *pour la première fois* – par une femme. **Est-ce une victoire ? À la seule condition que cette femme ait obtenu le poste en question par son mérite** et non… *parce que c'est une femme* ! Auquel cas, voilà toute l'avancée de la société qui recule, rendant de nouveau les femmes victimes… de la société. Et **ce n'est pas cette victimisation des femmes qui doit leur donner leur place, mais bien la valorisation du mérite de chacune d'entre elles, au-delà du fait que ce sont des femmes.** Exalter des mérites réels, oui. Encenser, favoriser *parce qu'*on est femme, non. Cela leur enlèverait d'ailleurs tout mérite…

Alors, pour apprendre à honorer le chemin parcouru par d'autres bien avant nous, au risque d'irriter certains et de passer pour une douce rêveuse aux yeux des autres, j'ai limité mes choix dans le temps : *avant* que les femmes n'obtiennent – au nom d'un statut de victime – des réparations.

La femme pionnière, qui ouvre la voie à d'autres, n'est pas – à mes yeux – celle qui a obtenu une faveur, mais celle **qui a osé,** celle **qui a combattu** une situation défavorable. **Celle qui a réussi par elle-même.** Contre vents et marées, comme on dit. Défier les règles, affronter les préjugés et les dangers, repousser les frontières, vaincre les obstacles… Il en faut du courage, de l'énergie, de la détermination, pour remplir ce programme. Les femmes réunies dans ce volume partagent donc ces **qualités héroïques, admirables**.

Ce côté « héroïne », un peu désuet peut-être, a beaucoup joué dans mes choix. Et si j'ai opté pour un ordre chronologique inversé au sein de chaque chapitre, ce n'est pas sans raison : j'ai voulu ainsi mieux faire ressortir l'immuabilité de la nature humaine au fil du temps. Que ce soit en sciences, en arts, en politique ou en tout autre domaine de la vie, les obstacles auxquels les femmes ont été confrontées d'une époque à l'autre sont souvent comparables. Des fils invisibles relient Marylin Monroe, Cléopâtre et Aspasie, ou encore Hatchepsout et Maria de Roumanie… Les rendre visibles peut nous aider à mieux comprendre ce que nous vivons aujourd'hui, et peut-être aussi ce qui nous attend.

Dernière mise en garde : j'ai fait place, dans mon « panthéon », à quelques figures féminines qui n'ont pas eu mon adhésion, ou alors elles l'ont eue à un moment et l'ont perdue par la suite, à la lumière d'informations que j'ignorais au départ ou selon l'évolution de mes propres convictions. Cela vous incitera sans doute à vous interroger et à chercher d'autres arguments allant (ou pas) dans ce sens.

Ces considérations terminées, je vous invite à franchir ensemble le seuil…

Cher lecteur, ne faites pas l'impasse sur les notes de bas de page. Elles ont pour rôle d'éclairer la lecture en apportant une explication supplémentaire ou en situant un personnage dans son époque. Mais, souvent, j'y ai recours pour vous faire part d'un commentaire plus personnel, qui me tient à cœur.

La séduction, arme ou piège ?

Marylin Monroe (1926-1962)

Mata Hari (1876-1917)

Marguerite Francillard (1899-1917)

Cléopâtre (69-30 av. J.-C.)

Marie-Thérèse d'Autriche (1717-1780)

Aspasie (vers 470-vers 400 av. J.-C.)

Théodora (vers 500-548)

MARILYN MONROE : SA *VRAIE* VIE ÉTAIT AILLEURS

(1926-1962)

> Néanmoins, notre destin ne dépend-il pas de l'image que nous avons de nous-mêmes ?

Marylin la jeune, la belle, la riche, la célèbre… Elle avait tout, et pourtant un jour elle s'est ôté la vie. Cela a surpris ses fans, son pays, le monde entier. Sous le jeu des apparences, il y avait donc une autre réalité, cachée.

Anna, la femme de Lee Strasberg, l'ami à qui Marilyn avait légué ses affaires personnelles, découvre en 1982 des papiers ayant appartenu à l'actrice. Abrités dans deux boîtes, des poèmes, des réflexions personnelles, des notes sur le métier d'acteur, etc. Ces inédits en surprennent alors plus d'un.

Qui d'ailleurs est au courant du fait que la bibliothèque de Marylin comptait dans les 400 livres, parmi lesquels des Dostoïevski, Walt Whitman, Beckett, Hemingway, James Joyce ? Qui sait qu'elle aimait la peinture de Goya, avec qui elle disait partager « les mêmes rêves », ou les gracieuses danseuses de Degas ? Qui se doute que la blonde radieuse au sourire candide, sex-symbol de l'Amérique, complexée par ses lacunes scolaires, était en réalité si curieuse du monde et aspirait à se cultiver ?

Qui peut croire qu'une poétesse sensible et intelligente se dissimulait dans ce corps sensuel, dont l'apparence joyeuse affolait les hommes ?

Son visage – gravé dans nos esprits par Andy Warhol[1] – est aussi célèbre que celui de la Joconde. Cependant, la pellicule n'a retenu que l'image extérieure et a effacé l'autre, la *vraie*.

Il s'est ainsi imposé ce que les Grecs de l'époque classique nommaient *phantasma*[2], c'est-à-dire l'image que nous avons en pensée de nous-mêmes… Or le *phantasma* possède la faculté de se substituer à la réalité, de se donner comme étant la réalité même.

I guess I am a fantasy…

Néanmoins, notre destin ne dépend-il pas de l'image que nous avons de nous-mêmes ?

Et c'est peut-être là le « mystère [de] Marilyn », et sa véritable beauté, dans cette intimité sans tapage et dans cet appétit d'apprendre, dans cette dimension intellectuelle qu'on ne lui soupçonnait pas.

1. Andy Warhol (1928-1987) est un artiste américain (peintre, auteur), représentant du pop art. Il a utilisé la sérigraphie pour réaliser des séries des stars américaines, dont celle – célèbre – de Marylin, en 1962.
2. Le *phantasma* est la représentation mentale produite par la *phantasia* (l'imagination), à la différence de l'*eikon*, terme par lequel les Grecs désignaient ce que nous entendons par « image », en parlant d'une chose qui est faite à l'image d'une autre.

« ***I get through the looking glass***[1] »

La « blonde sexy », de son vrai nom Norma Jeane[2] Mortensen, est née en 1926 à Los Angeles. Son père ne la reconnaît pas. Elle ne le verra d'ailleurs qu'en photo, chez sa mère. Celle-ci ne sera pas beaucoup plus présente dans la vie de la petite, puisqu'elle en confie la garde à un couple de voisins, les Bolender, et se contente de lui rendre visite le samedi seulement. Une tentative de vie commune avec sa mère se termine par l'internement de cette dernière dans un asile d'aliénés.

Norma Jeane sera alors ballottée entre l'amie de sa mère, Grace McKee, l'orphelinat, et les familles d'accueil. Elle subit même un abus sexuel, à la suite duquel elle deviendra bègue. Cette enfance, faite d'instabilité et de solitude affective, engendre une perpétuelle quête de repères et de reconnaissance. Puis, à l'adolescence, la jeune fille découvre le regard de l'Autre.

Afin d'échapper à l'orphelinat, Norma Jean se marie une première fois – elle n'a que seize ans – avec Jim Dougherty, fils d'une connaissance de Grace et ouvrier de nuit aux usines Lockeed. Elle divorcera trois ans plus tard, quand elle passera, comme c'est dit dans son autobiographie, « de l'autre côté du miroir » : Norma Jean devient alors Marylin Monroe. Elle va désormais brûler de tous ses feux jusqu'à la fin tragique qu'on lui connaît.

De 1947 à sa mort (en 1962), la belle alterne films (une trentaine), séances photo et enregistrements de chansons. Le succès est au rendez-vous. La jeune femme multiplie les

1. « Je passe de l'autre côté du miroir », titre suggestif d'un chapitre de *My Story*, Marylin Monroe, Ben Hecht, 2006, p. 110.
2. Elle fera plus tard retirer le *e* à la fin de « Jeane ».

partenaires (deux autres maris : Joe DiMaggio et Arthur Miller ; des amants : les frères Kennedy, Frank Sinatra), sans pour autant réussir à combler sa solitude. Sa disparition à trente-six ans, non élucidée à ce jour (suicide ? assassinat ?), a interrompu brutalement cette quête émouvante et une existence « abondante en mésaventures[1] ».

Le mythe Marylin dure toujours, son mystère également. Et pourtant, elle a été la star hollywoodienne la moins bien payée, à cause précisément des préjugés et du mépris autour de ce qu'elle semblait représenter : elle n'était qu'une blonde sexy[2] !

Marylin elle-même était plus lucide qu'on aurait pu le penser sur le fait qu'à Hollywood « on vous juge sur votre apparence, pas sur ce que vous êtes. Hollywood est un endroit où l'on vous paie mille dollars pour un baiser, et cinquante cents pour votre âme. Je le sais, parce que j'ai refusé la première offre assez souvent et j'ai tenu bon pour les cinquante cents »[3].

J'ai souhaité que Marylin soit en première position de ce livre, elle qui représente si bien **les attentes de la société envers la femme, sans tenir compte de la personne qui se trouve derrière**. La vraie personnalité de Marylin a ainsi été occultée par l'image qu'elle rendait.

Il m'a semblé important de rendre hommage, ici, à celle qui illustre si bien l'antagonisme entre ce que l'on attend d'une

1. Dominique Marin, *Marylin Monroe, la lumière et le nom.*
2. Ainsi, dans *Les hommes préfèrent les blondes*, Jane Russell, sa brune partenaire, aurait touché un cachet autrement plus élevé que Marylin !
3. Marylin Monroe, *My Story*, Taylor Trade Publishing Edition, 2006, p. 110.

femme – ou ce qu'on lui refuse – et la personnalité parfois hors du commun qui habite toutes celles dont je vais vous parler par la suite.

POUR ALLER PLUS LOIN

Marylin Monroe, *Confession inachevée (My Story)*, Taylor Trade Publishing Edition, 2006.

Anne Plantagenet, *Marylin Monroe*, Gallimard, 2007.

Monroerama (dir. Françoise-Marie Santucci), Stock, 2012.

MATA HARI, DANSEUSE EXOTIQUE, COCOTTE ET ESPIONNE

(1876-1917)

> Une vie sortant de l'ordinaire,
> c'est tout ce qu'elle voulait…

Une vie sortant de l'ordinaire, c'est tout ce qu'elle voulait, la jeune Margaretha Geertruida Zelle, fille d'un couple de commerçants de Leeuwarden, aux Pays-Bas, lorsqu'elle répond en 1895 à l'annonce matrimoniale d'un capitaine de l'armée coloniale néerlandaise. John MacLeod est de vingt ans son aîné et s'apprête à rejoindre sa garnison à Java. Elle accepte le mariage sans prendre le temps de le connaître et d'approfondir leur relation. Après tout, qu'importe, Marguerite Zelle est attirée par l'aventure que cette vie nouvelle, aux Indes néerlandaises, semble promettre. La déception arrive rapidement et la vie de famille ne la satisfait pas (le couple a eu deux enfants, dont l'un, Norman, décède à 2 ans) ; elle décide donc de prendre son destin en mains pour la deuxième fois… et transgresse de nouveau les conventions sociales : séparation et divorce, puis abandon de sa fille, dont elle avait obtenu la garde, à son père.

Marguerite, qui rêve de Paris et de sensations fortes, de fortune et de prestige, s'invente sur-le-champ une carrière de danseuse. Mais pas n'importe laquelle ni n'importe comment. D'abord, elle change de nom : *Mata Hari*, en malais « œil du jour », c'est-à-dire « soleil », convient parfaitement à la danseuse exotique qu'elle veut devenir. Et un passé hindou, dont la part de merveilleux variera selon ses besoins du moment, lui semble également indispensable. Elle s'affranchit de la pudeur – une autre transgression, vous l'aurez compris – en gambillant vêtue de quelques bijoux, voire toute nue…

Le succès ne se fait pas attendre. Le public croit dur comme fer à l'authenticité et au mystère de ses « danses brahmaniques », qu'elle aurait apprises auprès des grandes prêtresses de l'Inde. Peu à peu, le rêve prend vie : à vingt-six ans, Marguerite Zelle – devenue Mata Hari – embarque le Tout-Paris dans sa mystification, dans ses illusions. Puis Madrid, Monte-Carlo ou Vienne s'embrasent tour à tour. Cependant, il faut croire qu'il y a de la routine même dans la célébrité, qui peut lasser des personnes comme notre exotique artiste. La star, qui fréquentait des ministres et des hommes puissants du moment, part pour Berlin, où elle vit une passion amoureuse. Lorsqu'elle rentre à Paris, son charme n'opère plus, du moins plus de la même façon. Ses rivaux sont désormais Colette, les Ballets russes…

La sulfureuse Mata Hari retourne donc à Berlin. Et la Première Guerre mondiale éclate. C'est une véritable catastrophe ! Elle, qui ne comptait plus ses amants parmi les officiers des armées en conflit, a du mal à choisir son camp… Finalement, elle décide de regagner son pays natal, mais sa maison à La Haye lui apparaît morne et sa vie manquant d'éclat : tout ce qu'elle déteste. Lorsque le consul d'Allemagne à Amsterdam lui fait miroiter la possibilité de renouer, à Paris, avec le faste d'antan… à condition de lui fournir des informations utiles (j'ai oublié de vous dire que le consul était également officier du service de renseignement), elle accepte sa proposition sans trop réfléchir, comme à son habitude. Mata Hari devient donc l'agent H 21. Et la voilà qui revit, au gré des rencontres passagères avec des officiers de tous horizons afin de glaner d'hypothétiques renseignements. Ainsi fait-elle la connaissance de l'un des agents du contre-espionnage français (elle était en effet surveillée à son insu), et surtout de Vadim Masloff, un jeune officier russe dont elle tombe éperdument amoureuse. Pour rejoindre ce dernier à Vittel, dans la zone des armées où il passait sa convalescence après une blessure aux yeux – à moins que ce ne fût pour qu'elle-même suive une cure de beauté –, Mata Hari demande un laissez-passer au capitaine Ladoux, en charge du contre-espionnage…

L'ESPIONNAGE AU FÉMININ

L'espionnage est un univers sinon réservé aux hommes, du moins dominé par eux. Or, comme nous le savons, un espion doit passer inaperçu : logiquement, il se tient donc dans l'ombre, reste un inconnu. Et c'est, hélas, mille fois plus vrai pour une femme.

Selon les premières sources historiques fiables dont nous disposons, les femmes ont fait leur entrée dans l'espionnage au XVIIe siècle, pendant la guerre civile anglaise qui a opposé les royalistes aux partisans de Cromwell.

Mais c'est pendant les deux guerres mondiales (et notamment pendant la seconde) qu'elles se sont réellement engagées dans les services de renseignement. Leurs raisons étaient d'ailleurs diverses : si la plupart l'ont fait par patriotisme, d'autres étaient animées par un goût d'aventure, un esprit d'indépendance, l'amour ou l'ambition.

Leur action fut-elle efficace ? Absolument ! On se méfie généralement moins d'une femme et, en même temps, la sensibilité et l'intuition féminines sont des atouts indéniables pour gagner la confiance d'une source.

L'opinion a vu en elles des séductrices redoutables, alors qu'elles se sont conduites, la plupart du temps, de façon exemplaire et il est arrivé, hélas, qu'elles aillent courageusement jusqu'au sacrifice suprême.

POUR ALLER PLUS LOIN

Rémi Kauffer, *Les Femmes de l'ombre. L'histoire occultée des espionnes*, Perrin, 2019.

Alors, que ce soit pour contrôler ses agissements (à supposer que les filatures de la Sûreté nationale n'aient rien donné) ou pour l'engager réellement, Ladoux autorise son déplacement et, par la même occasion, lui propose de travailler pour la France. Est-il encore besoin de vous apprendre la réponse de Mata Hari ? Cette fois encore, elle est partante.

Mais, à plusieurs reprises, notre espionne fait preuve d'amateurisme et de naïveté. Pendant la mission d'essai, à l'escale de Folkestone, Marguerite MacLeod, alias Mata Hari, se fait repérer par le contre-espionnage britannique pour des contradictions flagrantes lors des deux interrogatoires de routine successifs auxquels les services britanniques soumettent les passagers. Une autre fois, elle provoque un incident sur le paquebot Lisbonne-Amsterdam, en giflant publiquement un agent des services secrets britanniques, ce qui lui vaut une enquête, suivie de l'inscription par la police française dans le fichier des étrangers suspects. Vous voyez comment tout s'enchaîne ?

Elle tombe de piège en piège, allant jusqu'à divulguer volontairement son double-jeu… Mata Hari se fait arrêter à Paris le 13 février 1917. Dans un premier temps, elle avouera tout, sans réfléchir, comme elle l'a toujours fait, en se montrant imprudente, voire inconsidérée. Pourtant, les archives allemandes révèlent que l'unique renseignement de l'agent H 21 pendant son séjour parisien de décembre 1915 est celui d'écarter l'hypothèse d'une offensive française imminente, autant dire la confirmation de l'opinion générale.

La demi-mondaine se retrouve donc seule dans son cachot, en pays étranger. C'est alors pour elle le début de la grande descente aux enfers. Son univers s'écroule, son corps dépérit en à peine quelques semaines. Elle sera condamnée à mort et fusillée le 15 octobre de la même année[1]. Mais une transformation fondamentale semble s'être opérée en elle : le matin fatidique, elle affronte courageusement le peloton d'exécution, impressionnant par sa digne attitude tous ceux qui étaient présents.

La légende se met en route presque aussitôt, aux Pays-Bas et aux États-Unis d'abord, puis dans le reste du monde. Ni l'analyse juridique du dossier ni l'analyse historique ne pourront démonter le mythe. Certes, Mata Hari était une femme vénale qui manquait de scrupules, qui poursuivait des intérêts personnels... et qui était coupable d'intelligence avec l'ennemi[2]. Mais était-elle réellement la grande, la terrible espionne qu'on a décrite ? Est-ce d'ailleurs pour cela qu'elle a été si sévèrement punie ? Ou bien était-elle une sorte de bouc émissaire, de victime expiatoire d'un relâchement des mœurs dénoncé par tous à l'époque et ressenti comme une trahison des soldats qui combattaient sur le front ? Ou encore sa mort ne fut-elle rien

1. Mata Hari fait partie des premières victimes collatérales de la Première Guerre mondiale. Avant elle, Marguerite Francillard et Jeanne Antoinette Dufays (veuve Tichelly) ont été fusillées respectivement le 10 janvier et le 15 mars 1917.

2. Pour les cas d'intelligence avec l'ennemi en temps de guerre, la peine de mort était le châtiment le plus prévisible.

d'autre que la fin logique d'une aventurière, d'une affabulatrice ? Ici encore, le fantasme se révèle plus fort que le réel.

« CE N'EST PAS POSSIBLE… »

La première espionne fusillée à Paris (au pied des buttes de La Caponnière, à Vincennes), le 10 janvier 1917, fut une autre Marguerite : Francillard. On reprochait à cette jolie couturière grenobloise de dix-huit ans d'avoir transporté des messages entre la France et la Suisse à la demande de son amant allemand.

Marguerite Francillard avait occupé la même cellule[1] que Mata Hari, dans la prison parisienne de Saint-Lazare. En apprenant sa sentence de condamnation à mort, elle avait prononcé la première cette phrase que – semble-t-il – toutes les fusillées qui l'ont suivie allaient prononcer aussi : « Ce n'est pas possible… »

À Vincennes, où elle fut exécutée, sa conduite paisible et digne avait impressionné l'assistance. Ses dernières paroles furent : « Je demande pardon à Dieu et à la France. Vive la France ! »

POUR ALLER PLUS LOIN

Émile Massard, *Les Espionnes à Paris, la vérité sur Mata-Hari, Marguerite Francillard, la femme du cimetière*, Hachette BnF, coll. « Histoire », 2018.

Chantal Antier, Marianne Walle et Olivier Lahaie, *Les Espionnes dans la Grande Guerre*, Éditions Ouest-France, 2008.

1. D'autres accusées célèbres sont passées par cette cellule : Marguerite Japy (une troisième Marguerite !), veuve Steinheil, grande aventurière (et, entre autres, maîtresse de Félix Faure, le président de la République), accusée d'avoir tué son mari et sa mère, et Mme Caillaux, qui avait tué par balle Gaston Calmette, le directeur du *Figaro*.

CLÉOPÂTRE, LUCIDE ET VOLONTAIRE

(69-30 av. J.-C.)

« (…) l'image que nous avons de la reine est sans doute très éloignée de la vérité.

Cléopâtre VII Philopatôr (« qui aime son père ») est née en Égypte en 69 ou en 70 av. J.-C. Personne n'ignore aujourd'hui le nom de cette femme illustre de l'Antiquité, et pour cause : une profusion de romans, pièces de théâtre, opéras, films, tableaux ou sculptures ont tôt œuvré pour nous la faire connaître, au point que le rêve et la fiction ont définitivement étouffé la réalité historique.

Le mythe ayant ici triomphé de l'histoire, l'image que nous avons de la reine est sans doute très éloignée de la vérité. Il faut dire qu'ont contribué à cette situation les historiens de toutes les époques. Mentionnée dans les biographies des grands hommes qu'elle a connus et influencés (César, Antoine, Auguste…), « l'Égyptienne », comme on l'appelait souvent, n'avait pas été jugée digne d'avoir la sienne. La considérant tantôt comme sœur d'un frère cadet avec qui elle avait régné, tantôt comme maîtresse de César ou épouse d'Antoine, séductrice et manipulatrice pour beaucoup, les chroniqueurs avaient feint d'ignorer qu'elle était d'abord reine et que son histoire personnelle s'entremêlait intimement avec celle de son royaume. Malgré une immense notoriété, Cléopâtre fut donc victime des préjugés et des conceptions sexistes allant jusqu'à sous-estimer la femme de pouvoir.

Mais avant d'être la femme fatale qui séduisit les hommes les plus puissants de son temps (un « détail » qui lui valut plus tard d'être si enviée par de nombreuses générations de femmes), Cléopâtre fut d'abord l'amie des savants du Museum d'Alexandrie. Cette femme-là est moins connue et, naturellement, moins convoitée. Et pourtant…

Son maître en musique s'inclinait, paraît-il, devant ses multiples talents : que ce fut à la lyre, à la harpe, au chant ou à la danse, la maîtrise de la princesse était totale. Et puisque de la musique aux astres il n'y avait qu'un pas, la jeune Cléopâtre le franchit allègrement et n'eut guère de peine à impressionner l'astrologue Philodote. Le physicien Sosigène lui enseigna les figures et les proportions. L'élève comprenant tout très vite, la philosophie, science des sciences, lui fut également enseignée par le brillant Démétrios – lui-même philosophe en même temps qu'historien et géographe. Le grand prêtre Ouseros l'initia de son côté aux hiéroglyphes, ces signes sacrés. Enfin, une excellente mémoire et une intelligence vive lui assurèrent des connaissances poussées dans des domaines aussi divers que l'histoire, la littérature, la rhétorique et les mathématiques, et on lui en reconnaissait d'autres non moins surprenantes sur le système de calcul pour les crues du Nil, la rosc des vents ou la généalogie…

Tout cela peut nous sembler beaucoup pour une seule personne, fût-elle la reine d'Égypte. Et pourtant ce n'est pas tout. Outre un don pour les langues que lui attribue Plutarque[1]

1. Plutarque (Ier-IIe siècle apr. J.-C.) est un auteur grec. Son talent d'écrivain conjugué à sa visée de moraliste et à sa démarche d'historien en fait une source crédible pour l'histoire des siècles précédents, même si elle reste incomplète et d'utilisation délicate.

lorsqu'il mentionne qu'elle n'avait pas besoin d'interprète dans ses échanges avec la plupart des ambassadeurs en visite (elle connaissait vraisemblablement le grec, le latin, l'égyptien et l'araméen), Cléopâtre a dû approfondir l'histoire de son pays, et notamment le rôle joué par les femmes qui l'ont précédée.

Ainsi, **Arsinoé II** (316-270 av. J.-C.), la première à épouser son frère, Ptolémée II, et qui fut divinisée après sa mort. Puis **Bérénice II** (?-221 av. J.-C.), qui avait fait battre monnaie à sa seule effigie et dont la chevelure, promise à Aphrodite en échange de la vie sauve de son époux lors de son expédition en Syrie, donna son nom à une célèbre constellation. Ensuite **Cléopâtre Ire**, fille d'Antiochos III de Syrie, qui régna en 193 av. J.-C. après la mort de son mari, Ptolémée V Épiphane. Et, pour couronner le tout, en 81 av. J.-C., **Cléopâtre-Bérénice III**[1] – on s'y perd un peu parmi ces multiples homonymies –, désignée par son père Ptolémée IX comme son unique héritière ; celle-ci avait donc commencé par régner en solitaire, avant d'épouser Ptolémée XI sous la pression des Romains, mais, horreur, son époux la fit assassiner – ce qui ne lui porta pas chance car il s'attira le courroux de la population d'Alexandrie, qui le lyncha : sa place fut alors prise par Ptolémée XII, le père de notre Cléopâtre…

1. Bérénice III, fille de Ptolémée IX Sôter II, roi d'Égypte (116-81 ou 80 av. J.-C.), accède au trône à la mort de ce dernier en décembre 81. Son mariage avec Alexandre, fils de Ptolémée X, a été vu par certains (dont l'historien grec Appien d'Alexandrie) comme une tentative romaine d'interférer dans la succession au trône d'Égypte. En effet, Alexandre vivait alors à Rome ; Sylla, le dictateur romain, avait des vues sur l'Égypte tout en évitant d'y imposer le contrôle direct de Rome.

LE POUVOIR FÉMININ PENDANT LA PÉRIODE HÉLLÉNISTIQUE

Cléopâtre Ire, surnommée « la Syrienne », a épousé Ptolémée V vers 194 av. J.-C. Son époux a été roi d'Égypte de 204 à 181 av. J.-C. À la mort brutale de celui-ci en 180, Cléopâtre Ire a formé avec son fils mineur Ptolémée VI le premier règne conjoint lagide. Le pouvoir régalien lui revenait : hiérarchiquement, elle occupait la place dominante. Cela est d'autant plus remarquable qu'elle était d'origine étrangère. Les Séleucides, dont elle était issue, étaient à cette époque considérés comme les principaux ennemis des Lagides. Enfin, précisons qu'elle avait réussi à gagner la confiance de la cour en une quinzaine d'années seulement (194-180). Par ses qualités personnelles, la reine séleucide a donc habilement développé son réseau de conseillers, dignitaires et responsables militaires.

Les historiens interprètent son parcours politique (que sa fille, Cléopâtre II, avait d'ailleurs poursuivi) comme la période d'invention du pouvoir politique féminin dans le monde grec hellénistique.

L'ascension de toutes ces femmes au pouvoir, jusqu'à régner seules, comme leur destin souvent tragique (vous avez remarqué les rivalités en tout genre et les coups bas portés par leur entourage proche) ont sûrement fait réfléchir Cléopâtre à ce qui l'attendait elle-même et lui ont suggéré la conduite à tenir une fois qu'elle serait montée sur le trône d'Égypte.

Quand son père, Ptolémée XII l'Aulète (« le joueur de flûte » ou « de hautbois »), mourut, en 51 av. J.-C., Cléopâtre avait dix-huit ou dix-neuf ans. Reine de la Haute et de la Basse-Égypte (elle sera couronnée comme pharaon par la suite et donc coiffée du diadème d'or orné d'uræus à trois cobras dressés), Cléopâtre gouverna seule pendant près d'une année et demie, puis elle dut associer au trône son frère encore mineur (dix ans), cédant ainsi aux fortes pressions de l'entourage de celui-ci. Ce fut incontestablement un signe de faiblesse, et l'ordre des souverains – le roi d'abord, la reine ensuite – la fit reléguer au second plan : elle n'apparaît même pas sur les monnaies d'argent émises à cette période. Pourtant, elle était majeure et donc totalement libre de ses décisions, à la différence de son jeune frère, qu'elle avait dû épouser et qui était encore sous la tutelle du conseiller Pothin, maître des finances royales.

La rupture avec Ptolémée XIII, ce petit frère devenu roi, arriva vite ; elle était inévitable. C'est alors qu'eut lieu l'assassinat de Pompée, sur ordre de Pothin et de sa clique qui espéraient ainsi plaire à César. Mais leur méfait profita en fait à la reine, car la barbarie de cette lâche exécution révolta César plus qu'autre chose. Et voilà que survint l'épisode célèbre de la première rencontre entre les deux futurs amants…

Nous avons tous en tête cette scène du film[1] de Joseph Mankiewicz où Elizabeth Taylor, qui incarnait la troublante Cléopâtre, émerge de façon spectaculaire du tapis qu'on fit dérouler aux pieds du maître de Rome… Sachez que l'affaire (l'événement ?) a été consignée par les auteurs anciens (mais d'autres versions tout aussi étonnantes et crédibles existent, parmi lesquelles celle rapportée par Plutarque, selon laquelle la jeune lagide s'était cachée au fond d'une barque, enveloppée dans un vieux sac).

1. *Cléopâtre* (*Cleopatra*) est un film américain sorti en 1963, réalisé par Joseph Mankiewicz. Elizabeth Taylor y joue le rôle de Cléopâtre, Rex Harrison celui de Jules César et Richard Burton celui de Marc-Antoine. Ce fut un succès populaire, le film le plus célèbre (et un des plus chers jamais réalisés) parmi les nombreuses autres productions cinématographiques (dont certaines à vocation documentaire) qui ont immortalisé l'histoire romanesque de la reine égyptienne, avec tous les clichés que l'on connaît : ses bains, ses tenues, ses servantes, la scène du tapis, celle du bateau à la poupe d'or ou celle de sa mort…

Bien plus tard, lorsqu'elle eut à rencontrer Marc-Antoine, Cléopâtre changea radicalement de stratégie : en habile politicienne, elle déploya une mise en scène fastueuse qui répondait parfaitement à la personnalité de celui qu'elle voulait attirer. Vous rappelez-vous, d'ailleurs, dans le film de Mankiewicz, la magnificence des décors et des costumes de cette scène exceptionnelle ? L'arrivée de la reine Cléopâtre dans le port de Tarse sur son bateau à la poupe d'or, aux rames d'argent et aux voiles de pourpre, puis le banquet somptueux qu'elle a donné en l'honneur de Marc-Antoine, dans une abondance (un excès même) de richesses, ont dû vous marquer… Normal : ce n'est pas tous les jours qu'Isis-Aphrodite (du nom des deux déesses auxquelles Cléopâtre vouait une dévotion singulière et auxquelles elle avait choisi de s'identifier) rencontre Osiris-Dionysos (la rusée reine lagide, bien renseignée, n'ignorait rien de l'entrée d'Antoine à Éphèse, accompagné d'un véritable cortège dionysiaque et acclamé sous le nom flatteur de Dionysos).

Eh bien, sachez que Mankiewicz s'était inspiré de… Plutarque[1], dont la description peu favorable à Cléopâtre minimise de beaucoup la portée des négociations politiques et s'attarde surtout sur les aspects festifs et érotiques.

Et pourtant, une fois de plus, il serait réducteur de considérer la reine sous ce jour seulement, en lui imputant des excès et des méfaits sans tenir compte de ses efforts politiques indéniables à la tête de son royaume. Nous savons aujourd'hui que sous le règne de Cléopâtre Alexandrie avait renoué avec les sciences : plusieurs médecins célèbres y sont attestés, dont Philotas d'Amphissa, Antyllus, ou encore Dioscoriès Phakas. Ces noms ne nous parlent plus aujourd'hui, mais sachez que ce dernier était l'auteur de pas moins de vingt-quatre traités de médecine et, surtout,

1. Mais aussi de Suétone et d'Appien…

qu'il était le premier à avoir décrit la peste bubonique. Or, au fil de ses nombreuses recherches et expériences, il arrive souvent à Dioscoriès Phakas de mentionner Cléopâtre.

Par ailleurs, certains auteurs anciens attribuent à la reine elle-même la conception des traités de pharmacopée ou d'histoire. La plupart s'accordent à lui reconnaître l'effort de restaurer le prestige de la Bibliothèque, et surtout du Musée d'Alexandrie, lequel avait décliné à la suite de l'expulsion des savants par Ptolémée VIII, en 144 av. J.-C.

Néanmoins, l'histoire s'est émue plus de la beauté exceptionnelle de la reine, ou du moins de son immense charme, et de la fascination que sa voix exerçait sur les hommes… Et nous voilà ainsi arrivés devant **tous ces clichés qui ont conforté son mythe** et, avec lui, sa popularité.

> « On dit que sa beauté n'était pas, à elle seule, incomparable ni susceptible de fasciner ceux qui la voyaient, **mais sa compagnie avait un charme irrésistible et son apparence, jointe à la séduction de sa conversation et à son caractère qui se répandait, si l'on peut dire, dans toute sa manière d'être, laissait un aiguillon dans les cœurs.** »
>
> Plutarque, *Antoine*, 27, 3.

Tous ces poncifs, vous les connaissez par cœur, et vous conviendrez qu'**être belle physiquement ou joliment parée n'est pas un mérite**, alors que cette étrange beauté qui émanait de « sa conversation » et de « son caractère qui se répandait […] dans toute sa manière d'être » peut l'avoir été. Une fois de plus, je ne vous apprends rien.

Et je vous entends : malgré les lieux communs qui entourent le personnage, personne n'aurait l'étrange idée d'associer Cléopâtre à l'adage populaire « Sois belle et tais-toi », qu'on ressasse à l'égard des femmes depuis la nuit des temps. Personne, vraiment ? Ne l'évalue-t-on pas toujours à l'aune de son apparence ? N'attribue-t-on pas tous ses succès (et sa grande popularité) uniquement à son emprise sur les hommes, comme si elle s'était contentée d'être la potiche de ces derniers ? À l'instar de Marylin, on peut **s'interroger sur la justesse de l'image par rapport à ce dont elle est l'image**. Autrement dit, entre la part cachée, invisible, et l'autre, qui se déploie au grand jour, le « fantôme » n'est pas celui qu'on pense…

POUR ALLER PLUS LOIN

Alberto Angela, *Cléopâtre*, HarperCollins, 2019.

Denis Guedj, *Les Cheveux de Bérénice*, Points, 2007.

MARIE-THÉRÈSE, « L'HOMME DU SIÈCLE[1] »

Marie-Thérèse d'Autriche (1717-1780) fut la seule femme à avoir régné sur la Hongrie et la première grande figure féminine de l'histoire autrichienne. Son sacre eut lieu en 1741 et elle endossa plusieurs rôles : celui de reine de Hongrie et de Bohême, celui de… Mais n'allons pas trop vite !

Fille aînée de Charles VI de Habsbourg, souverain du grand-duché d'Autriche et des royaumes de Hongrie et de Bohême, en plus de son titre honorifique d'empereur du Saint Empire

1. J'emprunte cette expression à Élisabeth Badinter. Avant elle, le souverain de Prusse Frédéric II avait déclaré au sujet de Marie-Thérèse : « **Pour une fois que chez les Habsbourg on a affaire à un homme, il a fallu que ce soit une femme !** » En effet, il la considérait – avec Catherine II de Russie – comme l'une de ses uniques adversaires.

romain germanique, Marie-Thérèse hérita du trône de son père. Mais, vous vous en doutez (ou pas), il y avait un hic (et même plusieurs) : le couronnement d'une femme ne convenait pas aux souverains européens et, en outre, les règles de succession du Saint Empire excluaient les femmes…

Cela ne découragea point la jeune femme de vingt-trois ans, qui accepta de « masculiniser » ses titres : elle serait donc « roi de Hongrie et archiduc d'Autriche ». Vous vous rendez compte ? Elle n'avait pas eu besoin de l'écriture inclusive pour « se rendre visible » et se faire respecter. On dit, en effet, que les gros bonnets de la cour étaient bluffés par son autorité et par la clarté de son jugement, ces qualités rares que, dans leur vision étriquée, une femme ne pouvait, bien sûr, pas posséder…

Malgré cette « virilité », je vous rappelle que la fascinante reine a aimé un seul homme dans sa vie et donné naissance à seize enfants (dix seulement ont survécu), dont la malheureuse Marie-Antoinette.

« Homme d'État », femme amoureuse, mère aimante et soucieuse de l'éducation de ses enfants… cela force l'admiration. Chapeau bas !

POUR ALLER PLUS LOIN

Élisabeth Badinter, *Le Pouvoir au féminin, Marie-Thérèse d'Autriche, 1717-1780. L'impératrice-reine*, Flammarion, 2016.

LIBRE, BRILLANTE, CÉLÈBRE ASPASIE

(vers 470-vers 400 av. J.-C.)

« Les hétaïres semblent être
les pionnières de l'émancipation féminine
dans l'Occident.

Voici comment l'encyclopédie Larousse nous présente Aspasie de Milet :

> « Femme grecque, célèbre par son esprit et sa beauté (seconde moitié du ve s. av. J.-C.). Amie de Périclès, son influence politique en fit la cible des poètes comiques et des adversaires de Périclès. »

Les jalons sont posés, et pour une fois cela semble clair et net : en plus d'être belle et intelligente, Aspasie eut la chance d'être aimée par le grand Périclès (vous savez, celui qui a laissé son nom à l'époque la plus florissante d'Athènes, lorsque celle-ci était considérée comme la capitale intellectuelle, artistique et politique du monde grec). Certes, elle dut supporter quelques méchancetés de la part de ceux qui la jalousaient pour l'emprise qu'elle avait sur son amant…

Mais n'y aurait-il pas autre chose à dire d'elle ? Par exemple, qu'elle fut la première femme (connue) véritablement libre (et fière de l'être) dans une société où les femmes ne l'étaient pas ? Sans doute. Femme et étrangère à la fois, elle n'aurait pas pu prendre part aux décisions concernant la cité. **Et pourtant, elle l'a fait.** Suscitant l'estime de nombreux hommes importants de son temps, Aspasie prouva également que **la femme pouvait avoir une place dans l'Athènes de Périclès.**

Traditionnellement, les femmes athéniennes vivaient dans l'ombre de leurs époux, s'effaçant derrière eux. Illettrées, quoique citoyennes d'Athènes[1], elles leur appartenaient en quelque sorte. Ni leurs contemporains ni les générations suivantes ne se sont intéressés à leur existence, et ces femmes – qualifiées de « respectables » – n'ont laissé nulle trace dans l'histoire. Ce n'était toutefois pas le cas des **hétaïres** (à la fois courtisanes, amies, complices, voire prostituées, selon les différentes époques de l'Antiquité grecque), qui étaient **des femmes libres, émancipées, et dont l'éducation intellectuelle et artistique les rendait capables de répondre aux hommes.**

Femmes ignorantes d'un côté, femmes pensantes de l'autre… Nous comprenons que la compagnie de ces dernières avait quelque chose de vivifiant, d'enivrant. Les hétaïres semblent être **les pionnières de l'émancipation féminine dans l'Occident.** En plus des privilèges déjà mentionnés, elles disposaient d'une certaine indépendance financière[2] (sans que leur statut soit

1. Donc issues de familles de citoyens.
2. En ce qui concerne l'indépendance financière des femmes, nos critères modernes ne s'appliquent pas à l'Antiquité. Ainsi, dans le système grec, toute femme libre peut être entretenue, y compris l'épouse dont les besoins sont comblés par son époux. La courtisane n'était dès lors pas plus entretenue (et donc dépendante d'un homme) que n'importe quelle citoyenne. En même temps, son émancipation et par conséquent sa liberté sont à relativiser elles aussi.

synonyme de richesse) et jouissaient également d'une notoriété avérée : **Herpyllis** (la concubine d'Aristote et mère de son fils Nicomaque), **Pryné** (riche au point d'avoir proposé de rebâtir les murailles de Thèbes), **Glycéra** (muse pour les artistes de son temps), **Anthéia** (mentionnée elle aussi dans plusieurs comédies)… leurs noms ont traversé les siècles, et des bribes de leur vie sont arrivées jusqu'à nous.

Mais revenons à Aspasie, la plus célèbre des hétaïres. Milet, son lieu de naissance, était alors une cité florissante d'Asie Mineure réputée pour ses philosophes et poètes. Voisine de Lesbos, où **Sappho**[1] avait fondé une école – La Maison des muses – fréquentée principalement par des femmes qui y apprenaient la poésie et la musique, Milet avait également abrité, au VIIe siècle, Thales, l'un des « sept sages », initiateur lui aussi d'une école (la légende le fait tomber dans un puits pendant qu'il marchait en regardant les étoiles). Ceci pour dire qu'en nous intéressant à Aspasie nous ressuscitons tout un pan de la grande histoire de la Grèce antique avec, au premier plan, Périclès, Socrate, Anaxagore, Alcibiade, Euripide et tant d'autres personnages illustres qui l'ont connue et appréciée. Cultivée, intelligente, belle et élégante, elle avait eu une grande influence sur eux, notamment sur Périclès, même si sa condition d'étrangère était un obstacle à un éventuel mariage. Le nom d'Aspasie apparaît beaucoup dans les textes anciens, souvent en lien avec Socrate et la philosophie : dans *Ménexène*[2], Platon affirme qu'elle lui enseignait la rhétorique.

1. Sappho de Mytilène ou Sappho de Lesbos (VIIe-VIe siècle av. J.-C.) est une célèbre poétesse grecque antique, que Platon appelait « la Dixième Muse ». Son école – par son organisation et sa volonté de transmettre le savoir – avait inspiré tour à tour Aristote pour son Lycée et les épicuriens pour leur Jardin, les stoïciens sous le Portique et les cyniques dans le Gymnase. La majeure partie de l'œuvre de Sappho est aujourd'hui perdue.
2. *Ménexène*, dialogue de Platon (428-348 av. J.-C.), philosophe grec antique majeur de la pensée occidentale.

Le portrait d'Aspasie qui se dessine d'un auteur à l'autre donne priorité tantôt à la femme politique, tantôt à l'intellectuelle. C'est en femme sage, lettrée, bonne communicante, qu'elle s'impose à nous, et ce malgré ses détracteurs – car elle en a et ils sont même nombreux, surtout parmi les poètes comiques. Les attaques contre elle visaient probablement à atteindre Périclès, dont elle était « la chérie ». Lorsqu'elle l'avait rencontré, à son arrivée à Athènes, il était marié et père de deux fils. Plus âgé qu'elle d'une vingtaine d'années, l'artisan de la démocratie athénienne était alors au sommet de sa gloire. La jeune femme, qui allait devenir sa maîtresse, vivait de l'amour tout en professant les belles lettres.

Récapitulons : Aspasie – étrangère, belle et cultivée, issue d'une famille importante – fréquentait les citoyens athéniens les plus en vue de son temps. Le tableau semble ici sans nuage. Où est l'embrouille ? Eh bien, pour une fois, il n'y en a pas. La figure d'Aspasie nous a permis, entre autres, de réfléchir à la condition des femmes de cette époque : les Athéniennes « respectables » autant qu'invisibles, condamnées à une vie imposée et à l'anonymat, puis les courtisanes de toutes sortes (prostituées, courtisanes professionnelles ou concubines comme Aspasie), libres de pensée mais dont le corps était offert aux hommes.

La phrase qui précède aurait pu être une bonne fin si des questions ne m'assaillaient pas, dont celle-ci : quel obstacle empêchait les premières de rejoindre les secondes ? Eh bien, sachez que la société athénienne n'agréait pas l'idée qu'une courtisane soit issue d'une famille citoyenne et des lois de protection avaient été mises en place pour empêcher que cela n'arrive. Mais quelle différence y avait-il entre les catégories de courtisanes évoquées ci-dessus ? Entre celles qui se prostituaient dans un établissement, les courtisanes « itinérantes » et celles installées comme concubines d'un citoyen athénien, la distance était certainement considérable, même si les passages entre ces catégories étaient fréquents. Par ailleurs, si un citoyen se prostituait, il s'excluait volontairement des affaires de la cité (alors que le but de tout citoyen était justement d'y participer). Nous voyons donc que les choses n'ont jamais été simples, ni tranchées d'ailleurs, chez nos ancêtres grecs…

POUR ALLER PLUS LOIN

Danielle Jouanna, *Aspasie de Milet, égérie de Périclès*, Fayard, 2005.

THÉODORA, IMPÉRATRICE DE BYZANCE

Fille d'un dresseur d'ours au cirque de Constantinople, danseuse, prostituée, et, pour finir, impératrice. Rien que ça ! Et voici comment : maîtresse du sénateur Justinien, elle l'épouse en 523. Une poignée d'années plus tard, Justinien devient empereur de l'Empire romain d'Orient, et Théodora impératrice. Ici, une fois de plus, l'Histoire l'emporte sur la fiction et nous surprend, car le couple est heureux et uni, et Théodora participe au pouvoir et influence les décisions de son époux.

Procope de Césarée, juriste palestinien proche du pouvoir mais dont la tendance à la duplicité nous fait émettre quelques doutes sur son objectivité, la dépeint en impératrice cruelle et avide de pouvoir. Et il rapporte cette anecdote pour appuyer son intransigeance : en 532 eut lieu une importante révolte des habitants de Constantinople contre l'empereur Justinien. Alors que les conseillers de l'empereur se montraient dépassés par les événements, Théodora empêcha son mari de fuir par ces paroles : « Le pouvoir est un superbe linceul. » Elle, une simple femme, a ainsi affronté la rue en colère avec détermination et courage.

À l'opposé, Jean d'Éphèse, moine arménien, voyait en elle une femme croyante, douce et généreuse. Et le chroniqueur Jean Malalas, autre contemporain de la souveraine, rapporte sa lutte contre le proxénétisme et l'aide concrète qu'elle a apportée aux prostituées, fondant même une maison pour celles qui voulaient sortir de la prostitution.

Alors, sainte ou catin, Théodora ? On a beau scruter la mosaïque de la basilique Saint-Vital de Ravenne (Italie), la seule qui la représente avec certitude, elle ne nous dit pas grand-chose sur sa personnalité. Mais les réformes de Justinien sont là. Le couple impérial a laissé son empreinte sur l'empire. Et le souvenir de Théodora demeure…

POUR ALLER PLUS LOIN

Guy Rachet, *Théodora : impératrice d'Orient*, J'ai lu, 2006 (roman).

LE SAVIEZ-VOUS ?

La première hétaïre mentionnée dans la littérature grecque de l'époque archaïque fut *Rhodopis*, aussi appelée Doricha. D'origine thrace, elle était la courtisane de Charaxos de Lesbos, le frère de Sappho.

« RIEN QUE MA VOIX, MES YEUX, MA PEAU[1] » : APPROPRIATION DU CORPS

L'histoire des femmes passe souvent par celle de leur corps… La réflexion de Pascal sur le nez de Cléopâtre[2] ne vous est pas inconnue. Qu'il s'agisse de la muse ou de la mère affectueuse, de la bien-aimée voluptueuse ou de la madone, et même de la militante, l'apparence physique a toujours joué un rôle important dans la vie des femmes. Ne parle-t-on pas de « beau sexe », autant que de « sexe faible » en l'opposant à la force masculine ?

La beauté, la grâce, l'élégance, suscitent des sentiments forts, des actions fermes. Et, pourtant, cette beauté a été tant incriminée à presque toutes les époques ! Vouloir s'embellir a été considéré comme un acte vil, cachant des intentions malhonnêtes ou, au moins, de la frivolité. Parmi les détracteurs les plus acharnés se trouvent les féministes elles-mêmes : ainsi Simone de Beauvoir voyait-elle dans le souci de l'apparence chez les femmes un signe extérieur de leur subordination… Une femme-parure, donc une femme-objet érotique, incapable d'aller jusqu'au bout de son émancipation. Tout au moins dans la sphère intime.

1. Anne Dubreuil est une des protagonistes du roman *Les Mandarins* (1954) de Simone de Beauvoir, et elle correspond au double fictif de l'autrice. En effet, ce roman à clé (qui a remporté le prix Goncourt l'année même de sa parution) est inspiré de la vie de Beauvoir et évoque, entre autres, la relation amoureuse qu'elle a entretenue avec l'écrivain communiste américain Nelson Algren. Lorsqu'ils étaient ensemble, Beauvoir se sentait désirée uniquement pour sa féminité, ce qui lui procurait un bonheur intense. Mais – vous ne l'aurez pas manqué – cette joie qu'elle avoue contredit certaines idées que l'écrivain-philosophe soutenait dans son ouvrage féministe *Le Deuxième Sexe* (1949). Entre la vie réelle et les théories qu'on bâtit, il y a parfois un abîme.
2. « Si le nez de Cléopâtre eût été plus court, toute la face du monde aurait changé. » (Pascal, *Pensées*, 1970.)

Et voilà que l'on revient tout doucement à l'image que l'on a de soi-même, qui tourne parfois jusqu'à l'obsession, comme dans le cas de Marylin, et qui nous incite à nous demander si la femme peut vraiment faire abstraction de son corps, de son apparence. En cas de réponse négative, ne serait-elle qu'un simple ornement dépourvu de valeur personnelle ? Ou s'agirait-il plutôt de « degrés de féminité » en adéquation avec le projet de vie propre à chacune ?... Par ailleurs, les enjeux de l'existence d'une femme célèbre ont-ils vraiment changé depuis Cléopâtre ou Aspasie ?

Si les questions s'accumulent, les réponses se font toujours attendre...

Le souvenir menacé

Maria de Roumanie (1875-1938)

Carmen Sylva (1843-1916)

Catherine Bernard (1663-1712)

Hatchepsout (1503-1482 av. J.-C.)

DISPARAÎTRE DANS L'OCÉAN DE L'OUBLI

En 2020, la statue de Matthew Fontaine Maury (1806-1873), astronome, océanographe, géologue, cartographe et historien réputé, mais aussi officier de la marine de la Confédération pendant la guerre de Sécession (1861-1865), a été retirée de son socle, à Richmond, en Virginie (États-Unis). La même année, à Greensboro, en Caroline du Nord (États-Unis toujours), on a également renversé la statue d'un soldat confédéré anonyme au cimetière de Green Hill. Depuis le démantèlement aux États-Unis des statues de confédérés sudistes (plus de cent monuments ont été vandalisés ou détruits) – et même de celles de Christophe Colomb –, on abat des statues un peu partout dans le monde afin de supprimer les témoignages d'un passé que l'on condamne ainsi à l'oubli.

La France n'échappe malheureusement pas à ce mimétisme déplorable : en témoignent, entre autres, les débats autour du personnage de Colbert, personnalité exceptionnelle par bien des côtés, que la bien-pensance voudrait réduire au seul Code noir. Cela reviendrait à « tourner la page », « se concentrer sur l'avenir », selon les uns ; à « mettre en pièces l'histoire et la culture du pays », selon les autres.

Déjà Cicéron (106-43 av. J.-C.) attirait l'attention de ses contemporains sur le fait que les Barbares vivaient au jour le jour, laissant le temps et les événements s'écouler et disparaître dans l'océan de l'oubli. Or les sociétés perpétuent une identité, et celle-ci est le résultat d'un façonnement de leur passé respectif. Il y avait ainsi une très puissante culture de la mémoire chez les Égyptiens antiques. Entretenir de son propre vivant la culture du souvenir afin de ne pas disparaître définitivement de la surface de la terre nous apparaît aujourd'hui comme une coutume excessive et, en même temps, surprenante puisque ce n'est que la postérité qui peut assurer la pérennité et la victoire contre l'oubli.

Cette mémoire sociale se fonde à la fois sur les rites (en tant que mode de transmission), sur les symboles (stèles, temples, tombeaux, etc.) et sur le langage, la communication.

À la question « Que ne devons-nous pas oublier ? », qui détermine l'identité d'un groupe humain, s'ajoute celle-ci, tout aussi fondamentale : « Qui ne devons-nous pas oublier ? »

Damnatio memoriae : les femmes évoquées dans ce chapitre ont en commun d'avoir été victimes d'une volonté d'anéantir leur mémoire, volonté traduite par des actes concrets parfois très violents, comme nous allons le voir. Heureusement, ces tentatives ont toutes échoué : malgré leur zèle, leurs ennemis n'ont pas réussi à les effacer de la mémoire collective. Désavouées ! Maudites ! Et pourtant leur histoire est arrivée jusqu'à nous. L'injustice qu'on leur a fait subir nous les a rendues d'autant plus précieuses, et a forgé leur légende.

POUR ALLER PLUS LOIN

Élisabeth Badinter, *Fausse route*, Odile Jacob, 2017.

Élisabeth Roudinesco, *Soi-même comme un roi. Essai sur les dérives identitaires*, Seuil, 2021.

MARIA DE ROUMANIE, FEMME MODERNE[1] ET REINE HÉROÏQUE

(1875-1938)

Il y a un seul homme au palais : et c'est la reine.
(Charles de Saint-Aulaire,
ambassadeur de France à Bucarest)

Le mot « diamant » vient du grec *adamas*, qui signifie « imprenable », « invincible ». L'adjectif « *adamas* » décrivait ainsi la plus dure des matières connues, cette pierre constituée de carbone, élément chimique fondateur de la vie, dans sa forme la plus concentrée. Au fil du temps, le mot est devenu synonyme de

1. L'histoire de cette reine est très émouvante et sa personnalité suscite l'admiration. Un film lui a été consacré en 2006 (par Sorin Ilieşiu), intitulé *La Reine Maria : la dernière romantique, la première femme moderne*. Maria de Roumanie a été certainement plus qu'une reine. Difficile donc de l'enfermer en une formule. Élisabeth Badinter a vu en Marie-Thérèse de Habsbourg (1717-1780) la première femme moderne – et il me semble qu'elle a vu juste –, mais la reine Maria de Roumanie (1875-1938) mérite elle aussi d'être désignée de la même manière : certes, elle a vécu après Marie-Thérèse, mais la condition des femmes reste comparable, et le rôle qui leur revenait dans la société toujours restreint.

diamant. Mais saviez-vous que sa racine indo-européenne *dam* (« courber » ou « soumettre ») se trouve aussi à la base du mot « madame » ? La reine Maria de Roumanie me semble illustrer parfaitement cette étymologie tant par sa beauté physique que par son caractère fort.

Fille du duc d'Édimbourg et de la princesse Maria Alexandrovna de Russie, petite-fille de la reine Victoria et du tsar Alexandre II, Maria est née en Grande-Bretagne et a passé son enfance et son adolescence dans le Kent. Elle arrive en Roumanie à l'âge de dix-sept ans en tant qu'épouse de l'héritier du trône, le prince Ferdinand de Hohenzollern-Sigmaringen. Et ce fut dès le début une grande histoire d'amour entre elle et son pays adoptif. Elle s'intéresse sincèrement à l'histoire et aux coutumes locales, et prend part activement à la vie politique du petit royaume. Le roi Charles, son beau-père, comprenant vite à qui il a affaire, la nomme commandant d'honneur du régiment de cavalerie *4 Roşiori* (il faut dire que Maria montait à cheval comme personne).

Lorsqu'elle devient reine, en 1914, peu après que la Première Guerre mondiale éclate, elle s'engage comme infirmière à la Croix-Rouge et s'implique corps et âme pour venir en aide aux blessés : elle lève des fonds, met en place des hôpitaux de campagne… On la surnomme « mère des blessés », « reine-soldat ».

Une popularité convoitée

Tout au long de sa vie, *Regina Maria* – comme on l'appelait, et comme on l'appelle toujours, en Roumanie – a écrit de nombreux articles et livres (récits, romans, mémoires) par goût artistique et pour promouvoir son pays.

En 1934, elle avait reçu l'invitation à présider le dîner du 145e anniversaire du *Royal Literary Fund* de Londres :

elle est alors **la première femme sollicitée** à le faire. Cette fondation prestigieuse a été créée en 1790, par le révérend David Williams, dans le but de soulager les auteurs en détresse. (Parmi ses premiers bénéficiaires, il y eut Chateaubriand, exilé en Grande-Bretagne, puisque les subventions n'étaient pas conditionnées par la nationalité, le sexe, la religion ou les convictions politiques. Chapeau !)

Il faut dire que la reine était alors au sommet de sa popularité : elle venait de publier les deux premiers volumes de ses mémoires, qui avaient connu un grand succès partout en Europe et avaient été traduits en allemand, en polonais, en tchèque, en suédois, en italien et en hongrois. En France, l'ouvrage, paru chez Plon, avait occasionné onze impressions successives.

L'opinion publique française avait fait la connaissance de la reine Marie en mars 1919, lors de la conférence de Paix de Paris, où elle s'était rendue – en mission non officielle – afin de plaider, auprès de Clemenceau, la cause des frontières roumaines. Le président Poincaré l'avait alors décorée de la Légion d'honneur au grade de Grand-Croix pour son engagement diplomatique et son action humanitaire durant la Première Guerre mondiale. Elle fut également reçue – par le peintre François Flameng et le philosophe Henri Bergson – à l'Académie des beaux-arts de l'Institut de France, dont elle était membre correspondant depuis 1918 : Maria était la première femme ainsi honorée depuis la fondation de l'Institut par Napoléon.

On raconte qu'elle avait renoncé à publier le quatrième volume de ses mémoires, sur les conseils de ses proches, pour ménager l'orgueil de son fils Carol II (Charles II), jaloux de sa notoriété.

En 1919, lors de la signature du traité de Versailles, elle représente la Roumanie et tient à justifier sa présence :

> « Chaque pays a besoin d'un visage. Lorsque vous vous réunissez pour délibérer, je veux que la Roumanie ait son visage. Je suis ici pour être ce visage, pour que la Roumanie soit un peu plus que des cartes et des statistiques. »

Le rôle de *Regina Maria* dans la création de la Grande Roumanie a été majeur, et il reste malheureusement méconnu. Son goût artistique l'est, en revanche, un peu moins : elle avait grandement contribué à promouvoir l'Art nouveau, notamment au palais de Pelişor (« Petit Peleş »).

Qui aurait voulu effacer le souvenir d'une telle femme ? Cela peut sembler inconcevable, et pourtant… **Sans scrupule, les communistes[1] ont évincé les rois des manuels scolaires**, tout comme ils ont passé sous silence ou aménagé des pans entiers de l'histoire nationale, **dans le dessein de rendre impossible le débat et la réflexion sur les formes démocratiques de gouvernement.** Il y a eu également dégradation volontaire de tous les symboles de la monarchie : on a abattu la statue du roi Charles Ier

1. Je préfère écrire « les communistes » et non « le communisme », pour rendre plus prégnante cette évidence : derrière les idéologies mortifères – comme le communisme –, il y a toujours des personnes. Et la responsabilité des actes criminels leur revient. Le communisme est une doctrine politique issue du socialisme, donc une idéologie de gauche (sous les diktats de la bien-pensance, on se défend bien de le dire), dont l'ampleur des crimes n'est pas toujours connue : cent millions de victimes dans le monde sur une durée de soixante ans, soit 4 500 par jour, 190 cadavres humains par heure, trois par minute… Concernant le communisme, l'exigence de clarté morale se laisse toujours attendre, alors que ce n'est pas le cas pour le nazisme, son frère jumeau.

(quarante-huit ans de règne, quand même !), on a mutilé les monuments (l'Arc de triomphe a perdu ses médaillons représentant le roi Ferdinand et la reine Marie, les plaques de marbre de l'Athénée roumain ont été détruites et les noms des pères de cette institution prestigieuse ainsi effacés)...

Le cœur sans repos de la reine Marie

La reine Marie s'est éteinte en 1938, à Pelişor. Elle a été enterrée à côté de son royal époux, au monastère de Curtea de Argeş. Mais la petite-fille de la reine Victoria avait également souhaité que son cœur repose à Balcic, la résidence estivale au bord de la mer Noire qu'elle avait fait construire et qu'elle avait particulièrement aimée. La « reine du Cœur » – un de ses nombreux surnoms – avait l'habitude d'y convier régulièrement des artistes et des intellectuels de son temps, et notamment des femmes.

Et du cœur (affectivité, émotion, empathie... ces attributs si féminins !), Maria en avait à revendre, elle qui avouait n'avoir jamais ressenti le besoin de cacher ses sentiments afin de s'affirmer. « Je vous ai compris, écrit-elle. Je n'ai pas jugé, j'ai aimé. » Ainsi, ce désir peu commun qu'elle avait exprimé (d'autres monarques britanniques l'avaient fait avant elle) venait donc appuyer un mode de pensée profondément humaniste.

Son vœu fut, dans un premier temps, exaucé. Mais lorsque le « quadrilatère » (la région côtière de la Roumanie) fut cédé à la Bulgarie, en 1940, la boîte contenant le cœur de Maria dut être rapatriée de Balcic au château Bran, dans les Carpates. Peu de temps après, ce dernier fut confisqué par le régime communiste, et le cœur à nouveau déplacé, avant d'être transféré au musée national d'Histoire de Bucarest.

> Enfin, le 3 novembre 2015, le cœur de Maria de Roumanie, abrité dans une boîte en argent, rejoint le joli palais de Pelişor, dans les Carpates méridionales, qui avait été décoré par les soins de la souveraine.

Les communistes ont ainsi réécrit l'histoire du pays, en détournant les faits historiques concernant la royauté[1]. Mais leur propagande n'a pas fonctionné puisque les Roumains étaient attachés à leur roi et que le souvenir de la courageuse reine Marie, de « son caractère ensoleillé et doux », de sa grande générosité et de sa beauté, était encore dans tous les esprits… Il ne restait alors que le silence, arme redoutable. Le temps allait se charger du reste. *Damnatio memoriae*…

POUR ALLER PLUS LOIN

Histoire de ma vie : Marie, reine de Roumanie, 1875-1918, Éditions Lacurne, 2014 (rééd. 2019).

1. L'histoire réelle ayant été bannie de l'école en Roumanie, le Parti communiste et l'idéologie marxiste ont pris toute la place. Ensuite, la propagande et les décennies de communisme ont fait leur travail de sape. Aujourd'hui, l'histoire de la monarchie en Roumanie reste encore méconnue (le premier manuel sur l'histoire de la monarchie a été publié en… 2017).

CARMEN SYLVA, LA PREMIÈRE REINE DE ROUMANIE

La reine Marie n'était pas la première, mais la deuxième reine de Roumanie[1]. Elle avait été précédée sur le trône par une autre femme exceptionnelle : *Regina Elisabeta*, l'épouse du roi Charles Ier, connue aussi comme *Carmen Sylva* (en latin « chant de la forêt »), son nom de plume.

Elisabeth Pauline Ottilie Luise zu Wied (1843-1916), née en Allemagne, est arrivée à Bucarest en 1869 (à l'âge de vingt-six ans), lorsque la Roumanie se trouvait encore sous la tutelle de l'Empire ottoman (le pays deviendra indépendant après la guerre d'Indépendance de 1877 et le traité de Berlin de 1878). Ce fut le début d'une nouvelle ère pour cette nation durement éprouvée par l'histoire : l'indépendance, la souveraineté, un État et des institutions modernes, une stabilité politique et économique... Carol I (Charles Ier) s'était avéré l'homme providentiel dans un moment de crise politique.

Élisabeth, la « reine-poète », comme on l'avait surnommée, partageait avec sa nièce par alliance (la reine Marie – voir la note 1 ci-dessous) une forte personnalité et un goût prononcé pour la littérature, les arts et la musique. Écrivain prolifique et à succès (elle a publié une cinquantaine de livres[2] traduits en dix langues européennes !), Carmen Sylva a été récompensée

1. La Roumanie a eu quatre rois : Carol I (Charles Ier), Ferdinand Ier, Carol II (Charles II) et Mihai I (Michel Ier) de la dynastie de Hohenzollern. Charles Ier (quarante-huit ans de règne), marié en 1869 à Élisabeth de Wied (Carmen Sylva), n'a pas eu d'héritier, son unique fille étant décédée à l'âge de trois ans. Il avait donc désigné comme successeur au trône Ferdinand, le deuxième fils de son frère aîné. Celui-ci fut couronné en 1914, avec son épouse Maria de Edinborough, la « reine-soldat », notre Maria de Roumanie.
2. Carmen Sylva est l'autrice de poèmes, romans, récits pour les enfants, contes, drames, et même d'un livret d'opéra... de qualité très inégale (certains furent tout de même des best-sellers). Elle a entretenu une riche correspondance avec des personnalités en vue de son temps. Pour la petite histoire, le peintre Van Gogh avait lu et apprécié ses *Pensées* et en parle dans une lettre adressée à son frère, Théo.

par des prix prestigieux (dont celui de l'Académie française pour *Les Pensées d'une reine*, paru en 1888 chez Calmann-Lévy).

Pierre Loti lui vouait une admiration sans bornes, et de nombreuses autres personnalités de la vie culturelle européenne lui témoignaient leur amitié ou la tenaient en haute estime – comme Frédéric Mistral, Sully Prudhomme, Leconte de Lisle, Guy de Maupassant... dont elle avait traduit les œuvres. Il faut reconnaître que la reine possédait un charme singulier, à commencer par sa voix mélodieuse et sa façon particulière d'articuler les mots (elle parlait parfaitement l'allemand, le français, le roumain et l'anglais).

Voici le portrait que brosse d'elle Maria de Roumanie dans son journal personnel :

« Jeune encore, elle avait déjà les cheveux tout blancs, mais le regard de ses yeux intensément bleus vous pénétrait. Elle riait souvent et laissait voir des dents d'une blancheur éclatante : mais son rire contrastait d'une manière frappante avec l'expression tragique de ses yeux. Ce pathétique, ce je-ne-sais-quoi de tragique qui émanait d'elle, donnaient à tous ceux qui l'approchaient le désir d'alléger le fardeau qu'elle portait. Elle n'inspira pas de passion, mais elle sut se faire admirer. »

Ayant perdu sa fille unique, la reine Élisabeth avait à cœur d'aider les enfants de son pays d'adoption. Lorsqu'elle écrivait des livres à leur intention, elle les illustrait de sa propre main. Elle a également fondé des institutions pour les pauvres, a soutenu les artistes, et notamment les jeunes filles, et s'est trouvée à l'origine de l'assistance sociale roumaine. Et ce fut encore la bonne reine qui découvrit et envoya étudier à Paris le talentueux compositeur George Enescu. Enfin, comme le ferait plus tard la reine Marie (en s'inspirant peut-être de son exemple), Élisabeth prit part à l'effort de guerre lorsque la Roumanie combattit le Grand Turc en 1877, en visitant les soldats blessés.

Les féministes allemandes et américaines admiraient Carmen Sylva pour ses positions avant-gardistes, très en avance sur son époque : dans son pays, comme plus largement en Europe, celle-ci avait profité de son rang pour soutenir l'égalité entre les hommes et les femmes.

Plus prosaïquement, la reine Élisabeth avait figuré dans la première publicité au monde, promouvant une… machine à écrire.

L'histoire a (presque) oublié Élisabeth alias Carmen Sylva, cette reine moderne et charismatique, comme elle a (presque) oublié la reine Marie, toutes les deux victimes de la campagne de dénigrement des communistes. Leur époque fut faussement présentée par ces derniers comme la plus sombre de tout ce que le peuple roumain avait connu dans son existence, puis passée sous silence afin de l'éliminer définitivement de la mémoire collective. **Mais l'histoire a ses secrets et elle se venge toujours de ceux qui essaient de la dénaturer.**

POUR ALLER PLUS LOIN

Carmen Sylva, *Sagesse d'une reine*, Via Romana, 2013.

Pierre Loti, Carmen Sylva (Élisabeth de Roumanie), *Avec l'Exilée à Sinaia, Bucarest, Venise* (récits croisés), Le Carrelet Éditions, 2016.

CATHERINE BERNARD, LA POÉTESSE DÉLIBÉRÉMENT OUBLIÉE

(1663-1712)

> La première femme dramaturge dont une pièce a été jouée à la Comédie-Française.

Il n'est pas toujours bon d'avoir des parents illustres – ni des amis réputés – quand on est femme de lettres. Affirmation hasardeuse peut-être, curieuse sûrement... En tout cas, Catherine Bernard en a fait les frais, si je puis dire. Cette supposée nièce de Pierre Corneille, incertaine cousine de Fontenelle[1] et même, pour certains, maîtresse de Pradon[2] a vu son œuvre occultée par la célébrité de l'auteur du *Cid*. Cela ne vous paraît pas possible ? Vous ne voyez même pas ce qui pourrait étayer une thèse aussi farfelue ? Eh bien, cela m'a tout autant étonnée, et pourtant... vous vous en doutez, comme pour les femmes déjà évoquées dans ce chapitre, un vrai travail de sape se trouve derrière cette

1. Bernard Le Bouyer de Fontenelle (1657-1757) est un écrivain (moraliste, poète, dramaturge, philosophe) et scientifique, membre de l'Académie française.
2. Nicolas (ou Jacques) Pradon (1632-1698), dramaturge.

histoire invraisemblable. Et il n'est pas des moindres. Mais commençons par le début…

Catherine Bernard, née à Rouen, dans une famille protestante, commence précocement sa carrière littéraire : elle n'a que dix-sept ans lorsque paraît son premier roman, *Frédéric de Sicile* (1680), suivi d'un deuxième, *Le Commerce galant ou Lettres tendres et galantes de la jeune Iris et de Timandre*, signé Catherine Bernard et Jacques Pradon. Ce deuxième ouvrage est d'ailleurs le premier roman épistolaire à deux voix de la littérature française. Notre femme de lettres en herbe enchaînera par la suite nouvelles, tragédies et poèmes… À vingt-deux ans, elle se convertit au catholicisme, religion qu'elle conservera jusqu'à la fin de sa vie. Que sait-on d'autre d'elle ? Pas grand-chose, et on ne dispose même pas de son portrait. Pourtant, elle a remporté – par trois fois ! – le prix de poésie décerné par l'Académie française, et ses pièces de théâtre ont eu du succès, ce qui n'était pas rien à l'époque : je vous rappelle que, Racine et Corneille étant passés avant, le public était très exigeant. D'ailleurs, saviez-vous que **Catherine Bernard est la première femme dramaturge dont une pièce a été jouée à la Comédie-Française** ?

Mais alors d'où vient la disgrâce, si disgrâce il y eut ? Et pour quelle raison ? Ce n'est pas pour entretenir le suspense que je pose ces questions, mais parce que j'essaie de comprendre, avec le peu d'éléments que l'on a à notre disposition aujourd'hui, ce qui a pu se passer. Pourquoi pensa-t-on d'un coup qu'une partie de l'œuvre de Catherine Bernard avait été écrite par Fontenelle ? D'ailleurs, celui-ci était-il son ami ou son mentor ?

On commença à parler de la « collaboration » des deux écrivains dans les années 1730 seulement, alors que notre autrice était décédée en 1712. Vous l'avez deviné, ce décalage temporel porte en lui la clé du mystère. Mais il y a autre chose : cette même année 1730, Voltaire avait publié *Brutus*, une tragédie qui portait le même titre que l'œuvre maîtresse de Catherine Bernard, publiée en 1690. Non seulement il s'était inspiré de la structure de la pièce de celle-ci, mais en outre il y avait puisé des centaines de vers… Les critiques pleuvent, Voltaire est accusé de plagiat. Et alors ? se défendit l'accusé. Ce n'est pas elle qui a écrit *Brutus*, c'est Fontenelle ! Comme si cela changeait quelque chose !

Cependant, pour Catherine Bernard, cela a tout changé puisqu'elle sera dorénavant régulièrement remise en question en tant qu'autrice et que sa réputation aura subi un sérieux préjudice. La controverse sur le plagiat était ainsi habilement détournée par l'incrimination de l'œuvre plagiée. Un coup tordu, quel que soit l'angle sous lequel on le regarde. Mais peut-être copier sur un homme était-il plus supportable, en tout cas moins humiliant, que de s'inspirer d'une femme… Quel est votre avis, cher lecteur ?

LE SAVIEZ-VOUS ?

Parmi les femmes dont on a voulu abolir la mémoire (sans succès), il y eut **Messaline**, l'épouse de Claude, **Agrippine la Jeune**, la mère de Néron, **Lucilia**[1], la deuxième fille de Marc Aurèle…

1. Pour avoir comploté contre son frère Commode.

HATCHEPSOUT, LA REINE-PHARAON RAYÉE DE L'HISTOIRE

(1503-1482 av. J.-C.)

« Son successeur a tout mis en œuvre pour effacer sa mémoire : il a fait évacuer son corps de sa tombe, puis martelé son nom, ses images, et a demandé qu'on détruise toutes ses statues.

En Égypte, l'écriture a servi – dès ses débuts – la communication politique : c'était un manifeste de l'État naissant, pour lequel **le présent était envisagé comme « ce qui un jour sera le passé »**. Le graver dans la pierre était ainsi un acte non seulement légitime mais aussi nécessaire, puisqu'il constituerait un repère important en structurant et en sacralisant la durée.

L'art monumental et l'écriture hiéroglyphique étaient donc tous les deux utilisés dans ce cadre sacré de la temporalité. Ils étaient censés rendre visibles l'ordre établi (terrestre) et l'ordre éternel. En permettant le dialogue par-delà les siècles, le « discours monumental » – ou « écriture des géants » (Burckhardt) – était considéré comme une voie de salut : survivre de cette façon à la mort reviendrait à être (presque) immortel. Pour un Égyptien de l'Antiquité, aussi longtemps que le nom (et les faits biographiques) d'une personne restait dans la mémoire collective, cette personne continuait de « durer »…

L'exemple égyptien est fascinant, et je vous encourage à vous y pencher pour l'approfondir. Néanmoins, il reste unique dans l'Antiquité. Je voulais notamment attirer votre attention sur l'immense importance qu'avaient, au sein de la civilisation pharaonique (entre 3000 av. J.-C. et les premiers siècles de notre ère), la mémoire et ce ou ceux qui étaient dignes d'elle. Gardons cette information en tête et intéressons-nous enfin à Hatchepsout, **l'une des premières femmes pharaons**, dont on a voulu effacer le souvenir.

Les historiens s'accordent à reconnaître que le règne d'Hatchepsout est unique dans l'histoire de l'Égypte pharaonique, et même de l'Antiquité tout court. Sans grande surprise, les femmes n'ont pas gouverné de façon durable à cette époque, mais seulement lorsqu'une situation exceptionnelle se présentait – comme l'absence d'un héritier mâle ou une guerre intestine particulièrement contraignante. Hatchepsout seule parvint à régner en temps de paix au XVe siècle av. J.-C. Et quel règne ! Il dura vingt-trois ans.

Fille légitime du pharaon Thoutmosis Ier, Hatchepsout accéda au trône en épousant son demi-frère Thoutmosis II. Ils n'eurent pas d'héritier mâle, donc, lorsque son époux décéda, ce fut Thoutmosis III, fils de Thoutmosis II et d'une concubine, qui « prit » le pouvoir. Dans un premier temps, Hatchepsout assuma la régence, puisque son beau-fils n'était qu'un nourrisson ; mais quelques années plus tard, elle se fit couronner pharaon en se proclamant fille charnelle d'Amon. Par la suite, elle fut corégente de Thoutmosis III, qu'elle allait d'ailleurs surpasser. Dorénavant, elle se ferait représenter habillée comme les souverains mâles.

Voici en quelques phrases la biographie d'Hatchepsout. Elle n'est pas bien longue, mais sachez qu'elle aurait pu ne pas arriver jusqu'à nous. Son successeur a tout mis en œuvre pour effacer sa mémoire : il a fait évacuer son corps[1] de sa tombe, puis martelé son nom, ses images, et a demandé qu'on détruise toutes ses statues. Ces déprédations n'ont heureusement pas atteint leur but et, malgré tout le mal que ses ennemis se sont donné, l'histoire d'une femme remarquable a pu refaire surface.

Le mystère de la momie enfin élucidé

En 2007, les chercheurs ont pu identifier la momie de la souveraine. La petite tombe où son corps reposait avait déjà été fouillée en 1903 par l'archéologue Howard Carter, le découvreur de la tombe de Toutankhamon. Des deux momies qui s'y trouvaient, l'une, abritée dans un sarcophage, appartenait à Sitre-In, la nourrice d'Hatchepsout ; l'autre, étendue à même le sol, ne suscita guère l'intérêt des chercheurs. Pourtant, sa posture « royale » – bras gauche replié sur la poitrine, poing serré, ongles peints en rouge et bordés de noir – ne manqua pas d'éveiller quelques interrogations, voire des intuitions. Néanmoins commença alors pour elle une longue attente d'une centaine d'années avant que les scientifiques ne s'emparent de l'affaire.

C'est l'égyptologue Zahi Hawass et son équipe qui firent l'incroyable découverte : la momie obèse de cette femme inconnue d'une cinquantaine d'années était bel et bien celle d'Hatchepsout.

1. La momie de la reine Hatchepsout, récemment identifiée, a été retrouvée dans la Vallée des Rois, dans la tombe de sa nourrice. On suppose qu'on l'y avait cachée pour la protéger de la haine de son successeur.

Mais revenons au règne d'Hatchepsout et à sa vie qu'on a voulu effacer. Lorsqu'elle coiffa le *némès* (la coiffe pharaonique) et s'empara des sceptres, qu'elle se vêtit de la barbe postiche, du pagne court lui masquant la poitrine, de la queue de taureau, et qu'elle adopta la titulature de cinq titres et cinq noms, la reine devint roi, c'est-à-dire pharaon d'Égypte à part entière. Une précision pour ceux qui s'interrogent sur les raisons de ce rejet de sa nature féminine : eh bien, il n'y a peut-être pas eu de rejet. Dans les textes, Hatchepsout continue de figurer en tant que femme. La part de mystère n'en est que plus grande, et notre curiosité aiguisée : comment s'empêcher de chercher l'explication de cette double représentation, tantôt au masculin, tantôt au féminin ? Il se peut, cependant, que ce choix ne lui appartienne pas vraiment : l'art égyptien, très stéréotypé, veut que le pharaon soit représenté comme un homme. Or Hatchepsout était pharaon… C'est de la logique pure, mon cher Watson !

Quoi qu'il en soit, durant son long règne, Hatchepsout eut à cœur de développer l'économie par un commerce florissant, de maintenir la paix et de cultiver les arts, notamment l'architecture. Entre autres, elle fut à l'origine du sanctuaire de la Vallée des Rois. Son œuvre majeure reste le temple funéraire de Deir el-Bahari, élevé par l'architecte Senmout[1] en face de Louxor et de Karnak. Un autre grand exploit d'Hatchepsout est l'expédition commerciale et scientifique au pays de Pount (vers le sud), qui a passionné des générations d'égyptologues.

Alors, pourquoi Thoutmosis III a-t-il fait détruire les statues, les représentations et les cartouches d'Hatchepsout ? Par vile

1. Senmout a beaucoup inspiré la littérature, qui l'a présenté comme l'amant tantôt manipulateur de la reine, tantôt dévoué. On lui attribue, entre autres, le temple de Deir el-Bahari, même si tous les historiens ne s'accordent pas sur ce point.

vengeance ou par raison politique, afin que la succession des pharaons ne soit pas interrompue par une femme ?

Nous l'ignorons, mais Hatchepsout l'a échappé belle. Toutefois, si son souvenir nous est finalement parvenu, nous ne connaissons toujours rien de sa vie privée. Maigre consolation, la plupart de ses contemporains devaient l'ignorer tout autant puisque, figurez-vous, l'Égypte pharaonique n'était pas très fan de l'étalage de la vie privée. Mais cette discrétion-là, voyez-vous, n'est pas franchement pour me déplaire…

Deir el-Bahari, le temple funéraire d'Hatchepsout

Le long règne d'Hatchepsout a été l'un des plus prospères et des plus pacifiques de l'Égypte antique. Les belles réalisations architecturales de cette période étaient, semble-t-il, si épatantes que, par la suite, d'autres souverains ont tenté d'en revendiquer la paternité.

Dans le cirque de Deir el-Bahari, sur la rive gauche du Nil, se trouve le temple d'Hatchepsout, l'un des plus originaux de l'Égypte antique. Son intérêt historique, artistique et religieux est incontestable. Les historiens et les architectes n'ont pas manqué de le comparer aux propylées d'Athènes, ordonnés également en étages sur le rocher de l'Acropole.

L'architecte – Senmout ou peut-être un autre (voir la note 1 p. 70) – avait donc été particulièrement inspiré lorsqu'il imagina de l'intégrer ainsi au paysage, en l'adossant habilement contre la montagne thébaine. L'édifice disposait de trois terrasses plantées de végétaux rapportés du pays de Pount, et reliées entre elles par des rampes d'accès. Les murs du temple étaient couverts de fresques représentant des scènes de l'expédition, ou racontant la vie de la reine et son règne. Des statues élégantes ornaient les salles. Au deuxième niveau, une chapelle est dédiée à Anubis, guide des morts et patron des embaumeurs, une autre à Hathor, déesse de la Joie et du Plaisir, et protectrice des femmes…

Fausses images ?

Simone de Beauvoir (1908-1986)

Alexandra David-Néel (1868-1969)

SIMONE DE BEAUVOIR, ICÔNE DU FÉMINISME

(1908-1986)

> Y avait-il de l'aveuglement ou de l'opportunisme chez Simone de Beauvoir dans certaines de ses prises de position ?

« *On ne naît pas femme, on le devient.* » Quoi de plus actuel que cette phrase devenue un des slogans du mouvement féministe ? La lutte contre les stéréotypes garçon-fille en découle.

Le Deuxième Sexe fut un de ces livres-événements, qui suscita à sa parution, en 1949, des débats importants et offrit aux femmes « de nouveaux modèles d'identité[1] ». Par la suite, grâce à d'autres publications et à de nombreuses actions, les frontières entre les sexes n'ont cessé de bouger. Que de chemin parcouru depuis les lieux interdits aux femmes au XIXe siècle, comme la Bourse, les espaces militaires et sportifs, et même les écoles et les bibliothèques (sauf sous certaines conditions) ! Les rapports des sexes ont beaucoup changé, sur pratiquement tous les aspects (rôles, relations sociales, rapport au corps, éducation, etc.), même s'il reste encore tant de choses à faire. Mais le livre de Simone de Beauvoir arrivait à point

1. Michelle Perrot, *Les Femmes ou les Silences de l'histoire*, p. 248.

nommé, et il faut reconnaître qu'il comprend la totalité des thèmes que le mouvement féministe compte encore comme essentiels.

La démarche de l'autrice y est donc exhaustive, en jouant à la fois sur la dimension biologique (qu'est-ce qu'une femme ?) et sur celles historique, politique et économique de la condition féminine. Beaucoup de tabous sautent, et le style clair et direct, dans une perspective optimiste, a le mérite de poser les bons mots sur les bonnes questions. On observera également que ces diverses thématiques s'inscrivent dans la morale existentialiste, en commençant par l'interrogation lucide sur la liberté de la femme, avant de montrer comment la « réalité féminine » s'est constituée, et d'analyser les solutions pour sortir d'une situation à la fois injuste et indésirable. Par ses idées, ce livre qui comptait plus de mille pages – et qui a été le plus vendu parmi ceux de Beauvoir – a rendu possible les revendications féministes en ouvrant la porte de la révolte. **C'était à la fois une description, une analyse et un ouvrage militant.**

Féministe dans les mots, mais pas toujours dans la vie

Je trouve important de rappeler ici que, derrière l'image de la grande féministe que nous connaissons tous, Simone de Beauvoir dissimule un autre visage. Au sujet de son premier roman, *L'Invitée*, l'autrice conviendra plus tard qu'il était très proche de la vérité autobiographique, excepté la fin. Ce texte était en effet inspiré par son expérience personnelle : un triangle amoureux, dont les deux autres partenaires sont Olga Kosakiewicz, une de ses anciennes élèves, et Sartre. Certains seront surpris d'apprendre que ce triangle romanesque correspondait, dans la vie réelle de Simone, à un pentagon[1]. À l'inverse de ce

1. Une relation à cinq, en ajoutant donc au trio susmentionné deux autres personnes : Jacques-Laurent Bost (que Beauvoir et Sartre appelaient « le petit Bost ») et Wanda, la sœur d'Olga.

qui se passe d'habitude, la configuration de cet entrelacs amoureux était bien moins compliquée dans la fiction que dans la réalité, où Olga épousera Jacques-Laurent Bost – ancien élève de Sartre et amant de… Simone (leur relation secrète dura pendant des années) –, où Sartre lui-même couchera avec Wanda, la sœur d'Olga… Tout compte fait, il vaut mieux ne pas connaître la version non romancée. Mais, une fois qu'on tient un fil, comment ne pas le remonter ?

« Nous étions tous comme des serpents hypnotisés », avoue Olga, « la fille de Cosaques[1] », en parlant d'elle-même, de sa sœur Wanda et de Jacques-Laurent Bost. « Nous faisions tous ce qu'ils voulaient parce que cela nous excitait qu'ils s'intéressent à nous, nous nous sentions privilégiés qu'ils nous accordent leur attention[2]. »

Plus notre connaissance de l'icône s'accroît, et plus elle nous montre un visage différent, moins avenant.

En 1947, Simone de Beauvoir entreprit son premier voyage aux USA : New York d'abord, puis Chicago, Los Angeles… Elle y fit des rencontres, fréquenta les clubs de jazz et les cinémas. Sa maîtrise de l'anglais, qu'elle lisait et parlait assez bien, lui facilitait grandement les choses.

Comme les autres visiteurs français de cette époque – dont Sartre, Camus, Juliette Gréco… –, elle fut horrifiée par l'inégalité raciale qui régnait absolument partout, et pas seulement dans le Sud. Après avoir parcouru à pied Manhattan, Brooklyn et les autres quartiers de New York, Beauvoir alla dans Harlem, seule, défiant ainsi les recommandations de prudence de ses amis. Elle

1. Jean-Paul Sartre à Simone de Beauvoir, 3 mai 1937, *Lettres au Castor*.
2. Olga Kosakiewicz Bost, entretien téléphonique avec Deirdre Bair, 1982, *apud* Hazel Rowley, *Tête-à-tête. Beauvoir et Sartre, un pacte d'amour*, p. 89.

se lia d'ailleurs d'amitié avec l'écrivain noir Richard Wright et sa femme Ellen, à qui elle dédiera par la suite *L'Amérique au jour le jour*, un livre inspiré de son périple américain et publié une année plus tard[1].

Mais Beauvoir notait aussi dans ses carnets des observations intéressantes sur les relations entre les hommes et les femmes. Fait très surprenant à ses yeux, les femmes américaines étaient moins libres qu'elle ne l'aurait imaginé. Voici comment elle explique les rapports conflictuels entre les deux sexes :

> « Cela tient en partie à ce que les Américains sont de pauvres parleurs et que malgré tout il faut un minimum de conversation pour faire une amitié ; mais cela tient aussi à une méfiance réciproque de générosité concertée, à une rancune qui a très souvent une origine sexuelle[2]. »

Féministe dans les mots,
mais pas toujours dans la vie (suite)

Évoquons brièvement ce couple de légende des lettres françaises que formaient Simone de Beauvoir et Jean-Paul Sartre. Tous les deux venaient d'un milieu bourgeois, dont ils haïssaient le conformisme. Ils s'étaient alors inventé une vie de couple originale, loin du mariage – qu'ils abhorraient : non seulement ils allaient prendre la liberté d'avoir d'autres relations amoureuses, mais ils ne se cacheraient pas leurs liaisons. Ils ont tenu promesse mais,

1. De leur côté, les Noirs américains qui, après la guerre, avaient eu l'occasion de venir à Paris étaient très agréablement surpris d'être traités avec respect, et certains avaient même décidé d'y rester. Richard Wright (1908-1960) en fit d'ailleurs partie.
2. *L'Amérique au jour le jour* (1948).

dans leur enthousiasme, ils ont complètement négligé de **prendre en compte les tiers concernés**...

Ce mode de vie leur convenait parfaitement et, puisqu'ils aimaient vivre constamment sous les feux de la rampe mais aussi pour prolonger un peu le « spectacle », au-delà même de leur existence physique, ils avaient précieusement conservé leur correspondance et leurs journaux afin de les publier. C'est ainsi que, dans les années qui ont suivi leur mort (Simone de Beauvoir en 1986, Sartre six ans plus tôt), leurs proches découvrirent – parfois avec effroi – les bassesses de ces illustres figures. Sexe et mensonges l'emportaient ici sur les idéaux.

Bianca Lamblin[1] s'est sentie trahie par Beauvoir, qu'elle avait admirée, et donnera sa version des faits dans un livre clin d'œil à l'autobiographie de Castor, *Mémoires d'une jeune fille dérangée* :

« Simone de Beauvoir puisait dans ses classes de jeunes filles une chair fraîche à laquelle elle goûtait avant de la refiler ou, faut-il dire plus grossièrement encore, de la rabattre sur Sartre. Tel est, en tout cas, le schéma selon lequel on peut comprendre aussi bien l'histoire d'Olga Kosakiewicz que la mienne. [...] En fait, ils rejouaient avec vulgarité le modèle littéraire des *Liaisons dangereuses*[2]. »

Lorsqu'elle fait la connaissance de Simone de Beauvoir, en 1937, Bianca Bienenfeld (épouse Lamblin), élève au lycée Molière, à Paris, a seize ans. Beauvoir la remarque et s'approche d'elle. Deux ans plus tard, Bianca est étudiante en philosophie, à la Sorbonne. Sartre entre en scène à son

1. Le pseudonyme que Simone de Beauvoir donne à Bianca dans sa correspondance avec Sartre est « Louise Védrine ».
2. Bianca Lamblin, *Mémoires d'une jeune fille dérangée*, p. 11.

tour. Il fait la cour à Bianca, qui en est flattée. Un nouveau triangle amoureux se met en place…

Ce qui est en cause – et je tiens à le préciser clairement –, ce ne sont pas les nombreuses coucheries d'une part comme de l'autre. Cela ne nous regarde pas. En revanche, la nonchalante manipulation de ces jeunes femmes (Olga, Wanda, Bianca…) par nos deux protagonistes me sidère. Ces amantes jouaient à leur insu un rôle secondaire dans une pièce imaginée pour elles par des metteurs en scène peu scrupuleux. Beauvoir et Sartre en Merteuil et Valmont[1].

Mais ce n'est pas la seule ombre au tableau. Pendant la guerre, aveuglés par leur haine des bourgeois, **obsédés par la volonté de garder un mode de vie non conventionnel, Beauvoir et Sartre sont passés à côté des vrais engagements**. Les biographes et les exégètes ont remarqué leur passivité, ainsi qu'un certain nombre d'ambiguïtés, comme le travail que Simone avait fait à Radio Vichy ou l'autorisation que Sartre avait obtenue en 1943 pour faire jouer *Les Mouches*… La future femme engagée (*Le Deuxième Sexe* paraîtra bien plus tard) avait passé les sombres années de guerre dans une quasi-inertie, en se réfugiant pour travailler tantôt au *Dôme* tantôt au *Café de Flore*, en faisant quelques séjours au ski et en participant parfois à des fêtes arrosées en bonne compagnie…

Notons que l'œuvre de mémorialiste de Beauvoir s'étend pratiquement à tout ce qu'elle a écrit : en plus de ses volumes de mémoires, de ses livres de voyage (*L'Amérique au jour le jour*,

1. Les personnages principaux du roman épistolaire *Les Liaisons dangereuses* de Choderlos de Laclos (publié en 1782).

La Longue Marche), du livre où elle témoigne des dernières années de Sartre (*La Cérémonie des adieux*), il faut se rendre à l'évidence, ses romans aussi puisent dans sa vie. **Ce narcissisme conjugué à ses convictions antibourgeoises pourrait expliquer certains travers…**

De plus, je ne peux m'empêcher de remarquer la curiosité presque malsaine avec laquelle, en 1945, elle a suivi les procès des intellectuels collaborateurs et son refus de signer la pétition[1] en faveur de la grâce de Robert Brasillach[2], faisant ainsi preuve d'**une intransigeance étonnante de la part de quelqu'un qui ne s'est pourtant pas impliqué dans la résistance aux nazis.** Le titre de l'article qu'elle avait fait paraître dans *Les Temps modernes* en février 1946 en dit long : « Œil pour œil ». À comparer avec celui de Camus (« Ni victimes ni bourreaux »), publié dans *Combat*, deux ans plus tard : l'auteur de *La Peste* (ancien résistant !) s'y prononçait clairement contre la peine de mort ; ce n'était pas le cas de Beauvoir.

Et que dire des « voyages au pays des soviets » – plusieurs entre 1962 et 1966 –, qui s'avèrent être des monuments de mauvaise foi ? Simone de Beauvoir, suivant en cela Sartre, est attirée par cette destination, qui représente longtemps à ses yeux un idéal révolutionnaire. Or la situation réelle dans l'Union soviétique (les persécutions staliniennes et le goulag) commençait à être connue à cette époque en Occident. **S'agit-il de simple ignorance de la part de Beauvoir ? De naïveté ?** Ce n'est qu'après les événements de Prague, en 1968, qu'elle et ses amis prendront leurs distances

1. Cette pétition avait été signée par Albert Camus, Jean Cocteau, Jean Anouilh…

2. Robert Brasillach (1909-1945) est un journaliste et homme de lettres français, spécialiste de Corneille. Responsable d'un hebdomadaire fasciste, auteur d'articles antisémites, Brasillach a été condamné à mort pour intelligence avec l'ennemi. Philippe Bilger, dans *20 minutes pour la mort, Robert Brasillach : le procès expédié*, paru en 2011, montre que ce procès avait été trop vite mené.

avec la Russie soviétique : comment ne pas se poser des questions sur leur sens d'observation et sur leur compréhension de la situation politique, d'autant que le voyage à Cuba, en 1960[1], va également dans cette direction ?

Comment peut-on être à la fois engagé et neutre ? Qu'est donc la morale de la responsabilité ? Y avait-il de l'aveuglement ou de l'opportunisme chez Simone de Beauvoir dans certaines de ses prises de position ? Quand on sait qu'elle se déclara féministe près de vingt ans après la parution de son œuvre révolutionnaire *Le Deuxième Sexe*, la question me semble légitime. Les événements de 1968 auraient-ils déclenché chez elle la conscience politique ?

Vous avez compris, Simone de Beauvoir n'est pas une icône pour moi. De nombreuses interrogations sur ses choix de vie restent sans réponses satisfaisantes. Je choisis donc de terminer ces pages par une citation de Bianca Lamblin : « [...] quand on s'amuse à allumer un feu, on ne sait jamais jusqu'où il s'étendra, jusqu'où le vent l'attisera[2]. »

POUR ALLER PLUS LOIN

Simone de Beauvoir, *Le Deuxième Sexe*, Gallimard, 1986.
Bianca Lamblin, *Mémoires d'une jeune fille dérangée*, Balland, 2006.
Hazel Rowley, *Tête-à-tête. Beauvoir et Sartre, un pacte d'amour*, Grasset, 2006.
Satar Bakewell, *Au café existentialiste. La liberté, l'être & le cocktail à l'abricot*, Albin Michel, 2016.

1. Ils ont passé trois jours dans la compagnie très amicale de Fidel Castro lui-même !
2. Bianca Lamblin, *op. cit.*, p. 12.

ALEXANDRA DAVID-NÉEL, LA PREMIÈRE FEMME EUROPÉENNE À AVOIR SÉJOURNÉ AU TIBET

(1868-1969)

> « On la suit dans ses périples de monastère en village, et vice versa, déguisée en pèlerine, jusqu'à arriver – en 1924 – à Lhassa, capitale du Tibet, interdite aux étrangers, mais pas à Alexandra.

Aventurière ou exploratrice ? Cette hésitation ne m'a pas quittée tout au long de mon étape de documentation sur cette femme au visage sévère, aux traits fermés, au regard sans mystère. Des étiquettes joliment colorées – orientaliste, tibétologue, chanteuse d'opéra, journaliste, écrivaine et exploratrice – ont fait miroiter devant moi les nombreux talents d'Alexandra. Et pourtant, à mes yeux, l'aventurière semblait l'emporter à chaque fois, sans néanmoins supprimer toute ambiguïté.

J'aurais préféré, à vrai dire, qu'elle soit plus que cela. Et même beaucoup plus. Pourquoi suis-je restée sur ma faim ? La publicité fut-elle trop bien menée ? Il me semble que les titres alléchants des livres qui lui furent dédiés n'ont pas tenu leurs promesses. Et la promesse était belle. « Lumineux destin[1] », vie passionnante, érudition, qualités personnelles...

Pourquoi, malgré tout, ai-je gardé ce « portrait » ici, alors que rien ne m'y obligeait ?

Sans doute parce que j'ai voulu proposer des destins et des personnalités variés, des époques différentes, mais aussi des façons diverses de les évoquer. Nous ne sommes pas obligés d'aimer tout le monde, d'être impressionnés, d'adhérer... Il suffit parfois qu'un détail nous échappe pour que la rencontre n'ait pas lieu. Ce qui ne nous empêche pas de reconnaître l'intérêt, l'originalité ou la singularité d'une démarche ou d'une personne. Peut-être, cher lecteur, arriverez-vous à apercevoir l'étincelle qui m'a manqué ici, et je n'aurais surtout pas voulu vous priver de cette possibilité !

Alexandra David-Néel se passionne tôt pour l'Asie. Entre ses lectures, l'apprentissage de l'anglais (elle séjourne à Londres afin de l'apprendre), l'écriture (celle de son journal, certes, mais aussi des articles pour des revues) et sa conversion au bouddhisme (à vingt et un ans), elle apprend le piano et le chant au Conservatoire royal de Bruxelles, et commence à voyager en tant que chanteuse d'opéra.

En 1904, Alexandra se marie avec Philippe Néel, un ingénieur qu'elle a rencontré à Tunis. Par la suite, celui-ci se révélera à la fois son meilleur ami et son mécène. Leur vie commune est brève, entrecoupée dès le début par les absences d'Alexandra. En 1911, elle entreprend – seule – son premier voyage d'études en Inde. Et c'est lors de cette expédition qu'elle rencontre le treizième dalaï-lama. Coup de chance ? Malgré une capacité de travail indéniable

1. Je reprends ici le titre du livre de Jean Chalon, *Le Lumineux Destin d'Alexandra David-Néel*, Pocket, 2004.

et une volonté farouche d'arriver à son but, le trait spirituel rare qui aurait pu expliquer cet honneur ne frappe pas l'esprit.

On la suit dans ses périples de monastère en village, et vice versa, déguisée en pèlerine, jusqu'à arriver – en 1924 – à Lhassa, capitale du Tibet, interdite aux étrangers, mais pas à Alexandra. Franchir cette frontière, pénétrer dans ce lieu inaccessible, c'était pour elle la réalisation de son rêve, le couronnement de sa quête (ou simplement de son aventure ?), mais également « une certaine retombée médiatique et financière ». Ne serait-ce donc qu'une transgression quelque peu déraisonnable, sinon illégitime ? Certaines voix – dont celle de Jeanne Denys[1] – prétendent qu'Alexandra David-Néel n'a jamais atteint Lhassa et dénoncent une supercherie. D'autres, comme Marion Dapsance[2], voient en elle une athée, anarchiste et matérialiste. Je n'irai pas jusque-là. Les livres d'Alexandra – une vingtaine –, rédigés sur plus d'un demi-siècle, au gré de ses voyages à travers le globe et de ses expériences, nous apportent, malgré tout, des informations intéressantes.

Fervente féministe, anarchiste, rebelle, autodidacte, travailleuse acharnée, grande voyageuse (tout de même un peu touriste,

1. *Alexandra David-Neel au Tibet (une supercherie dévoilée)*, La Pensée universelle, 1972. Selon Jeanne Denys, Alexandra David-Néel n'est jamais arrivée à Lhassa, mais s'est contentée de vivre quelques années (de 1917 à 1924) en Chine, à la frontière tibétaine. L'investigatrice va plus loin encore et soutient que l'orientaliste pionnière se prévalait de ses travaux scientifiques pour couvrir des missions d'espionnage.
2. Marion Dapsance est une anthropologue française, autrice d'ouvrages sur le bouddhisme pratiqué en Occident, dont *Qu'ont-ils fait du bouddhisme ?* (Gallimard, 2019). Se fondant sur les textes d'Alexandra David-Néel, elle reconstruit l'itinéraire de vie de celle-ci et en déduit qu'il ne correspond guère à une mystique, mais au contraire à une matérialiste convaincue s'étant inventé un personnage devenu mythique.

il faut le dire)… voilà ce que personne ne peut contester à Alexandra. Pour le reste, je vous invite à la découvrir et à vous en faire votre propre opinion.

POUR ALLER PLUS LOIN

Alexandra David-Néel, *Voyage d'une Parisienne à Lhassa*, Pocket, 2008.

Marion Dapsance, *Alexandra David-Neel, l'invention d'un mythe*, Bayard, 2019.

Honneur et patrie : les femmes et la guerre

Irena Sendlerowa (1910-2008)

Martha Gellhorn (1908-1998)

Joséphine Baker (1906-1975)

Les fées de l'Escadrille blanche : Stela Huţan (1921-2010), Maria Nicolae (1916- ?), Mariana Drăgescu (1912-2013), Marina Ştirbei Cantacuzino (1912-2001), Virginia Duţescu (1910-1980), Irina Burnaia (1909-1997), Victoria Pokol (1903-1950), Nadia Russo (1901-1988), Smaranda Brăescu (1897-1948)

Valérie André (née en 1922), Élisabeth Boselli (1914-2005), Élise Deroche (1882-1919)

Mistinguett (1875-1956)

Nicole Gérard-Mangin (1878-1919)

IRENA SENDLEROWA, UNE JUSTE PARMI LES NATIONS, DANS LE GHETTO DE VARSOVIE

(1910-2008)

Les hommes se partagent entre les bons
et les mauvais. Leur nationalité, leur race,
leur religion n'ont pas d'importance.
Seule compte la valeur de l'homme.

Je n'aime pas les journalistes,
car ils déforment souvent ce qu'on leur dit.

Vous avez peut-être, comme moi, pleuré en regardant *La Liste de Schindler*[1], ou du moins le nom d'Oskar Schindler (1908-1974) ne vous est-il pas inconnu. Cet industriel allemand est entré dans l'histoire et a été honoré du titre de « Juste parmi les nations » pour avoir sauvé la vie de plus de mille Juifs en les faisant travailler dans une usine d'armement. Mais de nombreuses autres personnes ont risqué leur vie pour sauver des Juifs pendant ces années sombres, et elles sont pourtant restées anonymes. Parmi elles, des femmes. Leur nom est souvent demeuré inconnu. Elles-mêmes n'ont pas vu dans leur action un quelconque héroïsme,

1. Film de Steven Spielberg, sorti en 1993.

estimant leur conduite normale. Pourriez-vous d'ailleurs évoquer – de mémoire, sans chercher – trois femmes « Justes parmi les nations » ? Si l'histoire n'est pas votre point fort, pourriez-vous mentionner trois livres et/ou films sur le sujet ? Lorsqu'il s'agit d'hommes[1], cela vient plus facilement, me semble-t-il, alors que c'est bien moins évident pour les femmes.

C'est pourquoi j'ai tenu à vous raconter l'histoire de l'une d'entre elles et à en faire le symbole de toutes les femmes courageuses qui se sont opposées, au péril de leur vie, à l'idéologie dominante. Au-delà de la leçon forte qu'elles nous ont donnée, elles incarnent également une vérité qui ne date pourtant pas d'hier : celle qu'**on peut, parfois, avoir raison seul/seule contre tous**. À méditer, donc !

Irena Sendler ou Sendlerowa est sortie de l'oubli en 1999 (près de soixante ans après les événements !) grâce à un travail scolaire effectué par quatre lycéennes américaines, au cœur du Kansas. Elle avait pourtant sauvé deux mille cinq cents enfants juifs du ghetto de Varsovie. 2 500 vies, j'insiste ! Partons ensemble à la découverte de cette dame âgée, modestement habillée de noir, parlant « un beau polonais littéraire », pour remonter avec elle le temps, au gré de ses souvenirs, jusqu'à la jeune femme sensible et dévouée qui n'a pas eu peur de s'opposer aux nazis.

Fille unique d'un couple de médecins, Irena grandit à Otwock, une banlieue ouvrière de Varsovie, parmi des enfants juifs auprès de qui elle a appris le yiddish, ce qui lui sera utile pendant la

1. Tous genres confondus : Joseph Kessel, *Les Mains du miracle* (Gallimard, 1999) ; Éric-Emmanuel Schmitt, *L'Enfant de Noé* (Le Livre de Poche, 2008) ; Peter Duffy, *Les Frères Bielski. La véritable histoire des trois frères qui défièrent les nazis, sauvèrent mille deux cents juifs et battirent un village dans la forêt* (Belfond, 2004) ; Mohammed Aïssaoui, *L'Étoile jaune et le Croissant* (Gallimard, 2012).

guerre. La vie de la famille d'Irena ne fut pas aisée pour autant : les patients de son père étant très pauvres, non seulement ils ne pouvaient régler la consultation, mais c'était lui qui les aidait à payer leurs médicaments. Dans ces conditions, la mère d'Irena avait dû vendre son manteau d'hiver pour assurer la nourriture nécessaire à la famille et, pendant un temps, elle n'était sortie de la maison qu'après le retour du père, qui lui prêtait alors sa fourrure. Cette situation difficile n'empêche pas qu'Irena la considère comme la plus heureuse de toute sa vie. La réponse affectueuse de son père à ceux qui lui reprochaient de trop gâter sa fille m'a beaucoup impressionnée : « On ne sait jamais comment la vie de notre fillette va tourner. Il peut arriver que nos caresses soient pour elle les souvenirs les plus tendres. »

Mais ce père aimant et sensible décède quand Irena a sept ans. La communauté juive d'Otwock propose son aide à sa mère, qui décide d'aller vivre dans la maison de son grand-père à Tarczyn. Le temps passe, la petite fille grandit et elle s'inscrit à l'université de Varsovie pour suivre des études de droit. En digne fille de ses parents, Irena s'oppose aux bancs réservés aux étudiants juifs et participe à des manifestations pour protester contre leur discrimination. Son attitude courageuse lui vaut d'être suspendue de la faculté mais, après trois ans, elle reprend ses cours et finit par obtenir son diplôme.

Irena travaille ensuite à la mairie de Varsovie dans le département d'aide à l'enfance. Lorsque la ville est occupée par les Allemands, les juifs sont enfermés dans le ghetto et les déportations vers le camp d'extermination de Treblinka commencent puis se multiplient. Irena ne peut assister impuissante à cette tragédie. Elle entre dans la Résistance. Son groupe : Zegota. Son nom de code : Jolanta.

Dans un premier temps, elle obtient l'autorisation d'entrer et de sortir du ghetto : les Allemands, qui avaient très peur du typhus et ne voulaient pas être en contact direct avec des malades, permettaient aux Polonais d'y gérer la situation. Irena commence alors à faire sortir clandestinement des enfants en les cachant dans des sacs de pommes de terre, des cartons, des coffres à outils, parfois dans des cercueils. Pour camoufler leurs pleurs (certains étaient nourrissons), elle avait recours à un chien dressé à japper dès qu'un garde s'approchait. Ces enfants sauvés étaient ensuite accueillis dans des couvents ou adoptés par des familles sous des noms nouveaux, de faux actes de naissance étant fournis par les paroisses catholiques. Ainsi, Elżbieta Ficowska parle de ses trois mères : la première juive, qu'elle n'a jamais connue et dont elle ne possède même pas de photographie ; la deuxième polonaise, qui l'a élevée ; et la troisième, Irena Sendlerowa, à qui elle doit sa survie.

> « Les mères juives préparaient parfois leurs enfants pendant de longs mois à la vie du côté aryen. Elles changeaient leur identité. Elles disaient : "Tu n'es pas Icek, mais Jacek, pas Rachela, mais Roma. Et moi, je ne suis pas ta mère, j'étais seulement la bonne chez vous. Tu iras avec cette dame et, là-bas, peut-être, t'attendra ta maman[1]." »

Pour garder la trace des enfants qu'elle a sauvés du ghetto, Irena avait l'habitude de noter sur des bouts de papier leur identité réelle ainsi que la nouvelle identité que le groupe de Résistance dont elle faisait partie leur avait attribuée. Elle cachait ces informations dans deux bocaux qu'elle enterrait dans son jardin, en attendant la fin de l'occupation allemande. Lorsqu'elle les a ouverts après la Libération, Irena a compté les noms de deux mille cinq cents enfants.

1. Anna Mieszkowska, *Irena Sendlerowa : la mère des enfants de l'Holocauste*, Éditions du Rocher, 2012, p. 229.

En octobre 1943, à la suite d'une trahison, Irena est arrêtée par la Gestapo et emprisonnée à Pawiak. Elle y subit la torture et est condamnée à mort. Sauvée in extremis par Zegota, le jour même de son exécution, elle doit se cacher jusqu'à la fin de la guerre.

Dans ses Mémoires, Irena évoque les cercles des jeunes actifs au sein des « comités de maisons » fondés au début de la guerre, en Pologne, pour la défense contre les avions. Leur mission était d'éteindre les incendies et d'établir des abris. Ces comités se sont par la suite transformés en institutions d'aide et ont œuvré pour soulager les souffrances, notamment chez les habitants juifs séparés du reste de la ville et dont les conditions de vie s'étaient gravement dégradées. Parmi les cinq cercles qu'Irena avait côtoyés, elle parle avec grande émotion de celui de la rue Sienna dirigé par Ewa Rechtman, assistante du professeur Stanisław Slonski de la faculté des sciences humaines de la Libre École universelle polonaise. Brillante slavisante et assistante sociale diplômée, celle-ci est morte à Treblinka.

> « Le martyre d'Ewa fut le plus grand drame pour notre cercle. Jusqu'à aujourd'hui, quand je rêve des images de ces jours-là, j'entends sa voix, toujours douce, apaisante, remplie d'une grande bonté. La jeune génération devrait l'honorer, car c'était une héroïne silencieuse, mais sublime[1]. »

1. Anna Mieszkowska, *op. cit.*, p. 135.

POUR ALLER PLUS LOIN

Anna Mieszkowska, *Irena Sendlerowa : la mère des enfants de l'Holocauste*, Éditions du Rocher, 2012.

Gilbert Sinoué, *Irena Sendlerowa, Juste parmi les nations*, Don Quichotte Éditions, 2016.

Alia Cardin, *Mademoiselle Papillon*, Robert Laffont, 2020.

Sarah McCoy, *Un goût de cannelle et d'espoir*, Pocket, 2015 (roman).

Yannick Haenel, *Jan Karski*[1], Gallimard, 2009.

1. Jan Karski, de son vrai nom Kozielewski (1914-2000), a été, pendant la Seconde Guerre mondiale, l'émissaire de la Pologne à Londres et aux États-Unis. Sa mission avait été de faire connaître au monde la vérité sur la tragédie des Juifs. Son compte-rendu n'a malheureusement (et curieusement) eu aucune influence sur le cours de la guerre des Alliés.

MARTHA GELLHORN, CORRESPONDANTE DE GUERRE PIONNIÈRE ET SEULE FEMME AYANT PARTICIPÉ AU DÉBARQUEMENT DU 6 JUIN 1944

(1908-1998)

Rien, jamais, ne peut atteindre les braves.
(Une des devises personnelles de Martha Gellhorn, tirée du roman d'Hemingway *L'Adieu aux armes*.)

L'Américaine Martha Gellhorn nous est connue notamment comme troisième épouse de l'écrivain Ernest Hemingway (il en avait eu quatre!) et moins pour son œuvre personnelle. Il y a pourtant matière à s'y intéresser de près, puisqu'elle fut à la fois romancière, grande voyageuse et journaliste exceptionnelle à une époque où les femmes étaient rarissimes dans le métier.

Fille d'un immigré allemand, médecin, et d'une avocate militante féministe, Martha a grandi dans le Missouri (États-Unis), au milieu d'une famille harmonieuse et unie, pour laquelle elle nourrissait une profonde affection. Elle écrivit d'ailleurs quotidiennement à sa mère pendant quarante ans, jusqu'à la mort de celle-ci.

Au début des années 1930, à vingt-deux ans, Martha avait envie de partir loin… La destination qu'elle se choisit fut naturellement… Paris – vous savez, cette ville qui à l'époque faisait rêver les artistes, les aventuriers, et un peu tout le monde d'ailleurs. La jeune femme, au physique agréable, se fit engager par une agence de mannequins. Et pour que la petite histoire rencontre la grande, sachez qu'Hemingway n'a pas été le seul partenaire célèbre de Martha. Dans ce Paris enivrant, et dans la période qui a suivi les Années folles[1], elle eut aussi une histoire d'amour passionnée avec Bertrand de Jouvenel, le beau-fils de Colette.

Lorsqu'elle retourne en Amérique, son premier roman fini, elle retrouve un pays en proie à la Grande Dépression. Sous la direction de Harry Hopkins, conseiller du président Roosevelt, Martha intègre alors une équipe d'enquêteurs – écrivains et journalistes pour la plupart – et sillonne la Caroline du Nord pour prendre le pouls du pays et récolter des informations. Elle en tire un livre, *The Trouble I've Seen*, très bien reçu par la critique et traduit en français.

Revenant en Europe, et plus précisément en Espagne, comme correspondante spéciale de l'hebdomadaire *Collier's*, Martha Gellhorn se lie avec Hemingway, qu'elle a connu à Key West en 1936. Celui-ci reconnaît son talent, et lui prodigue des conseils avisés puisque Martha est encore une novice dans la profession d'envoyé spécial. Elle publie ainsi son premier reportage, faisant

1. Malgré les difficultés engendrées par la crise économique, l'épanouissement culturel des années 1920 (désignées par le chrononyme « Années folles ») se poursuit en Europe dans les pays démocratiques comme la France, ce qui n'est pas le cas dans les dictatures (la Russie de Staline, l'Allemagne nazie, l'Italie fasciste).

par la même occasion son entrée dans le métier. Dès le début, l'originalité de son écriture consiste dans sa capacité à « personnaliser la guerre ». Loin d'être « une caméra objectivante », Martha évoque ses propres expériences et donne la priorité aux civils plutôt qu'aux militaires, documentant ainsi le point de vue des victimes.

Correspondante de guerre pionnière – c'était courageux et original à l'époque ! –, Martha a arpenté la planète entière, accepté tous les défis et bravé tous les dangers, devenant l'un des plus remarquables reporters de guerre du siècle, hommes et femmes confondus. (Ce n'est qu'à la fin des années 1960, avec le conflit au Vietnam, que les femmes seront davantage représentées.) Elle considérait le journalisme de terrain comme un « passeport » pour obtenir « un siège au premier rang pour le spectacle de l'histoire en cours ». Et du spectacle, elle n'en a pas manqué une miette : ainsi, en 1938, nous la retrouvons en Tchécoslovaquie – que les accords de Munich avaient sacrifiée à Hitler –, puis, en 1939, à la guerre d'Hiver soviéto-finlandaise. Et elle couvrira par la suite tous les conflits du XXe siècle jusqu'à la guerre au Panama en 1990, en passant par la Seconde Guerre mondiale et la guerre des Six Jours[1] en 1967.

Femme libre et courageuse, se moquant des préjugés et des conventions, Martha Gellhorn n'a pas eu – vous vous en doutez – une vie ennuyeuse. Mais il me reste quelque chose à vous dire : revenons à ce mois de juin 1944. Quelques semaines avant le Débarquement, le gouvernement britannique lui avait refusé catégoriquement l'accréditation pour couvrir l'événement. Et c'est Ernest Hemingway, son mari, qui récupéra cette accréditation. À l'époque, ils ne s'entendaient déjà plus, bien qu'ils ne

1. La troisième guerre israélo-arabe, qui a eu lieu du 5 au 10 juin 1967, a été appelée « guerre des Six Jours » en raison de sa courte durée. Elle s'est s'achevée par la victoire foudroyante de l'armée israélienne.

divorcèrent qu'une année plus tard. En colère contre cette injustice, Martha se cacha à bord d'un navire-hôpital et débarqua sur Omaha Beach, le 8 juin, avant Hemingway, devenant ainsi la première femme journaliste (et la seule!) à arriver en France après le *D-Day* et à en écrire un article…

GRANDS REPORTAGES DE GUERRE AU FÉMININ

Le grand reportage de guerre est apparu à la fin du XIXe siècle et a connu un véritable essor avec l'expansion coloniale. À cette époque, aucune femme ne faisait encore partie du métier. Même à la Première Guerre mondiale, les femmes grands reporters restaient rares. Parmi ces pionnières, mentionnons **Colette**[1], **Louise Weiss**[2], **Andrée Viollis**[3]… Et parmi les journaux qui ont accueilli des femmes journalistes, l'hebdomadaire *Marianne*, lancé par Emmanuel Berl: **Marcelle Pratt**[4], **Janine Delpech**[5], Andrée Viollis y sont publiées.

Ces femmes parlent le plus souvent l'anglais ou l'allemand, voire elles sont des polyglottes aguerries (comme **Alexandra Roubé-Jansky**[6], qui parle cinq langues!), et ont fait des études supérieures (Andrée Viollis et Louise Weiss sont diplômées

1. Sidonie-Gabrielle Colette (1873-1954) est une femme de lettres française (comédienne, actrice et journaliste).
2. Louise Weiss (1893-1983) est une journaliste, féministe et femme politique française, connue pour sa campagne en faveur du droit de vote des femmes en France.
3. Andrée Viollis (Andrée Françoise Caroline Jacquet de La Verryère; 1870-1950) est une journaliste et écrivaine française. Grand reporter dans les années 1920, elle a parcouru le monde (Japon, Indochine, États-Unis, Afrique du Sud…) et a couvert plusieurs conflits armés.
4. Marcelle Pratt (1896-1971) est une romancière et journaliste française. Elle a voyagé notamment en Afrique (Égypte, Lybie, Soudan…).
5. Jeanine Delpech (1905-1992) est une journaliste, traductrice et autrice de romans, qu'elle a parfois signés d'un pseudonyme masculin.
6. Alexandra Roubé-Jansky (1899-1990) est une romancière et journaliste française.

d'Oxford). Tout comme leurs homologues masculins, elles voyagent à travers le monde en crise. Ainsi, le voyage à Moscou, dans les années 1920, constitue une épreuve incontournable pour la plupart. Leur regard est critique et sans artifice, leur sens politique aigu.

Elles appuient leurs recherches sur des observations sur le terrain, des rencontres et des interviews. Louise Weiss rencontre, entre autres, Trotski ou Alexandra Kollontaï. Son regard se révèle souvent bien plus lucide que celui de ses collègues masculins et son reportage, lorsqu'elle observe la vie quotidienne, dénonce la pauvreté, la faim, la misère… « [Il] n'y avait de bonheur nulle part », note-t-elle après avoir voyagé dans le wagon du courrier des soviets. Son enquête en Russie est un succès puisque ses reportages sont publiés à la une du *Petit Parisien*. Les débuts du léninisme sont ainsi mis au jour.

Tous les lieux stratégiques les appellent, d'Asie en Amérique latine, en passant par l'Europe de l'Est, selon les conflits et les crises, sans qu'elles se dérobent : courageuses, elles défient les dangers et paient parfois de leur vie, comme **Gerda Taro**[1], la première femme reporter morte en 1937 à Madrid, lors d'un combat, alors qu'elle se trouvait en mission.

POUR ALLER PLUS LOIN

Martha Gellhorn, *Mes saisons en enfer*, Les Éditions du Sonneur, 2015, et *Le Monde sur le vif*, Les Éditions du Sonneur, 2019.

Leïla Mustapha, Marine de Tilly[2], *La Femme, la Vie, la Liberté. Au cœur du chaos, la maire de Raqqa raconte*, Stock, coll. « Essais Documents », 2020.

1. Gerta Pohorylle ou Gerda Taro (1910-1937) est une photographe de guerre allemande, militante antifasciste. Imigrée juive de l'Europe de l'Est, elle couvre la guerre d'Espagne avec son compagnon Robert Capa (pseudonyme d'Endre Ernő Friedmann, photographe hongrois ; il devient célèbre grâce à la photographie *Mort d'un soldat républicain*).
2. Marine de Tilly est grand reporter et critique littéraire au *Point*.

JOSÉPHINE BAKER, LA PREMIÈRE VEDETTE MÉTISSE DE MUSIC-HALL

(1906-1975)

« *C'est la France qui m'a faite.*
Je suis prête à lui donner aujourd'hui ma vie.

Ces paroles fortes ont été prononcées par Freda Josephine McDonald alias Joséphine Baker, originaire de Saint-Louis dans le Missouri (États-Unis) et résistante française pendant la Seconde Guerre mondiale. Elle est chanteuse, danseuse, meneuse de revue, mais également héroïne de guerre et militante antiraciste. Et elle a une histoire tout sauf banale, comme nous allons le voir.

Joséphine eut une enfance et une adolescence malheureuses, marquées par la pauvreté et par les ségrégations raciales aux États-Unis. Elle s'est découvert très tôt une passion pour la danse ; et, alors qu'elle était habilleuse dans la troupe du Booker Washington Theatre, l'occasion se présenta pour elle de remplacer une danseuse malade. À partir de là, la danse deviendra le centre de sa vie. Au gré de ses déplacements entre Chicago et New York, la danseuse poursuit son aventure artistique, jusqu'au jour où la troupe de cabaret new-yorkais dont elle fait partie est repérée et invitée pour une grande revue à Paris ! Le destin se met en marche…

Lorsqu'elle arrive dans la capitale française en 1925, par le train du Havre, la future star de music-hall est surprise : d'abord, un Blanc sur le quai lui fait un grand sourire ; ensuite, elle peut se déplacer partout – ce qui augure d'un bel avenir…

Au Théâtre des Champs-Élysées, la *Revue nègre*, spectacle musical, connaît un succès éclatant. Joséphine se trémousse et son numéro dégage un parfum de scandale : habillée très sommairement, elle danse au son du jazz et du charleston, dans un décor de savane ! La danseuse est en grande forme, elle improvise, la salle s'enflamme, tape des pieds et des mains. L'ambiance est vibrante. Les spectacles se poursuivront tous les soirs, les places seront vendues en totalité. Très vite, Joséphine connaîtra la prospérité et, de nature généreuse, en fera bénéficier les autres : c'est la période des œuvres caritatives, en faveur des Hôpitaux de Paris, des écoles… Les enfants notamment la touchent énormément.

Alors qu'elle est ignorée dans son pays, Joséphine Baker découvre le succès en France, le pays qui l'a si bien accueillie, elle qui n'y est « ni noire ni blanche ». Et cela, elle n'est pas près de l'oublier. Aussi, lorsque la Seconde Guerre mondiale éclate, elle accepte de devenir agent français de renseignement. Ses voisins de Milandes (en Dordogne, Périgord) étaient eux-mêmes des résistants et le grenier du château abritait des réfugiés. Grâce à son métier, Joséphine put cacher des messages codés dans ses partitions en les écrivant à l'encre sympathique… À la fin du conflit, elle fut récompensée à plusieurs reprises pour son activité de contre-espionnage par la Croix de guerre, la médaille de la Résistance et la Légion d'honneur.

Puis, en 1947, après un premier mariage raté avec Jean Lion dix ans auparavant, elle épouse Jo Bouillon, chef d'orchestre de renom, qu'elle a connu pendant la guerre. Ensemble, ils créent le « Village du monde, capitale de la fraternité universelle » pour offrir une vie joyeuse et dans la paix à des enfants de tous les horizons. Douze enfants – tous adoptés par Joséphine – grandirent ainsi à Milandes dans les années 1950. Ils venaient du monde entier, en fonction des lieux de concerts de l'artiste : de Corée, du Japon, de Finlande, du Maroc, du Venezuela… Cette « tribu arc-en-ciel » vivait entourée d'amour, dans le luxe d'un château Renaissance au passé prestigieux. Tours, gargouilles, mâchicoulis, animaux et nature, c'était un havre de paix, un endroit enchanté : les enfants avaient de jolies chambres, au deuxième étage, et chacun d'eux possédait sa propre salle de bains. L'attention et l'affection de leur mère adoptive affleuraient de partout, jusqu'à ce mur en faïence de la cuisine orné d'illustrations de fruits, de légumes et d'animaux, sans doute pour un apprentissage ludique des mots.

Ce côté humaniste de Joséphine et son engagement fort pendant la guerre sont assez peu connus, et pourtant ils me semblent indissociables de sa personnalité : des « ingrédients » ou, si vous préférez, des « détails » qui font toute sa différence.

POUR ALLER PLUS LOIN

Catel & Bocquet, *Joséphine Baker*, Casterman, coll. « Écritures », 2016.

Brian Baker et Gilles Trichard, *Joséphine Baker, le regard d'un fils*, Patrick Robin Éditions, 2006.

SMARANDA BRĂESCU ET LES FÉES DE L'ESCADRILLE BLANCHE

> Les femmes pilotes qui composaient l'escadrille sanitaire ont connu la prison et la déportation sous le régime communiste installé en Roumanie à la fin de la guerre.

Pendant la Seconde Guerre mondiale, la Roumanie fut le seul pays au monde à disposer d'une unité d'aviation militaire des Forces aériennes royales dont les pilotes étaient exclusivement des femmes. L'Escadrille blanche, créée et dirigée par la princesse Marina Ştirbei Cantacuzino, portait l'insigne de la Croix-Rouge et avait pour seul but le sauvetage et l'évacuation des blessés depuis les champs de bataille. D'Odessa (1941) à Stalingrad (1942) et en Crimée (1943), sur tout le front de l'Est, ces avions ont effectué de nombreuses missions sanitaires, transportant les blessés graves, les médecins, les médicaments et tout le matériel nécessaire.

Le nom d'« Escadron blanc », ou d'« Escadrille blanche », a été trouvé par le journaliste et écrivain italien Curzio Malaparte, alors reporter de guerre, en raison de la couleur des avions. Les aviatrices ont fini par l'adopter.

Cette formation militaire d'élite a sauvé des milliers de vies, entrant ainsi dans la légende. Une légende que, pourtant, peu connaissent aujourd'hui. Cet oubli me semble profondément injuste. Il vient principalement des bouleversements de l'Histoire dans ces pays de l'Europe de l'Est. Les femmes pilotes qui composaient l'escadrille sanitaire ont connu la prison et la déportation sous le régime communiste installé en Roumanie à la fin de la guerre. Dans le meilleur des cas, elles ont été exclues de l'aviation et marginalisées. Leur complète réhabilitation est venue beaucoup plus tard, et j'espère modestement y contribuer un peu à travers ces lignes.

Mais commençons par le commencement. En 1935, **Mariana Drăgescu**, une jeune femme de vingt-trois ans, obtenait en Roumanie le brevet de pilote. Elle était pleinement consciente de sa chance puisque peu de femmes réussissaient alors dans ce domaine réservé aux hommes. Devenir aviatrice ou, encore plus difficile, pilote militaire relevait tout simplement de l'exploit quand on était une femme.

En 1938, engagée dans l'Aéroclub royal, Mariana fait la connaissance de quelques pilotes français parmi les plus célèbres en visite dans la capitale roumaine : le colonel Brocard, commandant de l'escadrille des Cigognes, René Fonck, ou encore le père du *Petit Prince*, Antoine de Saint-Exupéry. À la même époque, elle se lie d'amitié avec une autre légende de l'aviation féminine : **Smaranda Brăescu**, la première femme parachutiste de son pays (et la troisième d'Europe), devenue championne mondiale du parachutisme. Smaranda avait déjà à son actif quelques jolis records : elle avait sauté en octobre 1931 depuis 6 000 mètres, record féminin, suivi en mai 1932 d'un record mondial absolu pour son saut de 7 233 mètres effectué à Sacramento, aux États-Unis. Précisons qu'elle avait obtenu son brevet de parachutisme en Allemagne, puis celui de vol aux États-Unis, en Angleterre, en

France et en Italie… À son retour en Roumanie, elle est décorée par le roi Carol I (Charles Ier) et, grâce à une cagnotte organisée par le journal *Universul*, elle réussit à s'acheter un… avion.

À l'automne de la même année 1938, les deux amies sont invitées à participer à des manœuvres militaires qui ont lieu à Galaţi, ville du sud-est du pays et port sur le Danube. Elles y rencontrent **Virginia Duţescu, Nadia Russo, Marina Ştirbei** et **Irina Burnaia**, aviatrices passionnées tout comme elles… Aux simulations de combat, vols de nuit, acrobaties et autres missions chronométrées, ces femmes pilotes se montrent aussi efficaces que les hommes. Marina Ştirbei a alors une formidable idée, inspirée de l'organisation finlandaise *Lotta Swärd*. L'escadrille sanitaire pour le transport des blessés naîtra en 1939, avant même que la Roumanie entre dans le conflit. De petits avions polonais type RWD-13, de couleur blanche et à la croix rouge peinte sur les ailes, sillonneront ainsi le ciel d'un bout à l'autre du front avec, aux manettes, des femmes ; à l'intérieur se trouve un espace tout juste suffisant pour le brancard et, derrière la pilote, une place assise pour un infirmier ou un autre malade.

Leur travail est éprouvant et, en ces temps de guerre, où la vie n'est facile ni sur le front ni à l'arrière, les « filles d'Icar », comme on les avait surnommées, dormaient souvent dans des tentes de fortune, affrontaient quotidiennement le danger des confrontations armées, subissaient le cagnard ou le froid, étaient confrontées aux horreurs des combats. Lors de la campagne de 1941 (Odessa), chaque avion de l'escadrille effectua jusqu'à quatre missions par jour.

Le dernier mariage aristocratique de l'Europe

Pour l'anecdote, un événement joyeux mit brièvement entre parenthèses le cauchemar de la guerre : le mariage, en février 1942, de Marina et Constantin Basarab

> Brâncoveanu. Les aviatrices de l'Escadrille blanche sont, bien sûr, conviées au « dernier mariage aristocratique de l'Europe », comme le remarquait plein de nostalgie Eduard Palin, l'ambassadeur de Finlande à Bucarest. De vieux bijoux de famille – un diadème, un collier, une boucle de ceinture – sont alors portés pour la dernière fois…

Viennent ensuite la campagne de Crimée, l'enfer de Stalingrad… D'autres femmes se joignent à l'escadrille : **Victoria Pokol**, **Maria Nicolae** et **Stela Huţan**. Après le 23 août 1944, les aviatrices enchaînent les vols sur le front de l'Ouest. Leur mission continue tant qu'il y a des blessés à secourir, des vies à sauver.

Mais à la fin de la guerre, en Roumanie (et dans les autres pays de l'Est), la dictature de gauche s'installe durablement. Malgré leur jeunesse, les aviatrices de l'Escadrille blanche voient leur avenir ternir, leur vie sombrer. Le régime communiste les a considérées comme des ennemies. En même temps, apprenez que ce n'était guère difficile d'être l'ennemi du régime : avoir des « origines malsaines », avoir trop bien réussi sa carrière, ou encore avoir fait des études à l'étranger, se montrer (trop) original, oser penser par soi-même et ne pas approuver l'intégralité des thèses du Parti… un rien suffisait à vous reléguer du côté des méchants, et vous vous retrouviez l'ennemi à abattre.

Ainsi, l'initiatrice de l'Escadrille blanche, **Marina Ştirbei**, qui avait également fondé un hôpital pour les blessés dans le manoir familial de Dărmăneşti, a connu un triste destin après l'arrivée des communistes au pouvoir : son mari a été arrêté[1] en 1947,

1. Constantin Basarab Brâncoveanu a été condamné à sept ans de prison en raison de son appartenance à l'aristocratie.

et tous leurs biens ont alors été confisqués. Marina et ses deux enfants, Constantin et Mihai Brâncoveanu, se sont retrouvés sans revenus et, en difficulté financière, ont fini par quitter la Roumanie en 1964, aidés par Marthe Bibesco[1], pour rejoindre l'Angleterre, avant de s'établir en France. La « princesse de l'aviation roumaine » s'est éteinte discrètement en 2001.

Nadia Russo, la « Russe blanche », après avoir effectué six années de prison[2] (sur les sept que comptait sa condamnation), a été déportée dans le Bărăgan pour encore cinq longues années. Par la suite, elle a gagné sa vie en travaillant dans une fabrique d'emballages. Privée de retraite de l'État, elle a fini dans la pauvreté, mais sans rien perdre de sa dignité ni de son courage.

Virginia Duţescu, un as de l'aviation (elle savait faire voler son avion à l'envers, sur le dos !), a été emprisonnée à Mislea, en 1948.

Mariana Drăgescu, exclue de l'aviation pour origines malsaines[3] (!), a gagné sa vie comme dactylo dans une clinique. La police politique roumaine (la *Securitate*) a tenté en vain d'en faire une délatrice : on l'a convoquée au siège, gardée la nuit

1. Marthe Bibesco (1886-1973) est une écrivaine française originaire de Roumanie. Issue de la noblesse roumaine (son père est le diplomate Jean Lahovary, sa mère la princesse Emma Mavrocordat), elle avait reçu une éducation cosmopolite et parlait parfaitement le français. Femme de lettres, personnalité marquante de la vie culturelle parisienne, la princesse Bibesco comptait parmi ses amis proches Paul Claudel, Marcel Proust, Rainer Maria Rilke, Paul Valéry, Jean Cocteau, Francis Jammes, François Mauriac, Max Jacob… mais aussi Winston Churchill. Après la guerre, elle fuit le régime communiste (qui nationalise tous ses biens) en s'établissant définitivement en France. En 1958, elle fit libérer sa fille et son mari des camps de travaux forcés de Bărăgan (la Sibérie roumaine).

2. De nombreux pilotes de l'aviation royale, hommes et femmes, sont passés par les prisons communistes.

3. Le père de Mariana Drăgescu avait été officier supérieur avant le régime communiste.

dans une cellule, menacée à plusieurs reprises, mais elle a tenu bon. Bien sûr, elle n'a plus jamais volé. Un jour, son anonymat a été un peu levé par une lettre venue de… France : la comtesse de Beauregard, ayant eu vent de ses exploits et de la manière dont elle a été mise à pied par les communistes, lui proposait de rejoindre son association d'anciennes femmes pilotes[1]. Celle qui avait tant aimé voler est partie rejoindre les étoiles en mars 2013, à l'âge vénérable de cent ans.

Quant à **Smaranda Brăescu**, elle s'est fait condamner pour avoir protesté contre les élections truquées de 1946[2]… Elle décida de prendre le voile et de se faire oublier dans un monastère catholique de rite grec sous le nom de sœur Maria Popescu. Le 2 février 1948, elle succomba à un cancer du sein, et fut enterrée dans un cimetière de Cluj-Napoca sous un faux nom (car proscrite par le régime). On a perdu sa trace depuis et, aujourd'hui encore, l'« Ange » n'a pas de tombe reconnue.

LES FILLES D'ICAR : LE TEMPS DES PIONNIÈRES

En France aussi le monde de l'aviation a très tôt attiré les femmes. Leur combat pour accéder à la reconnaissance dans un domaine dominé par la gente masculine reste en partie méconnu. Ainsi, **Élise Deroche**[3], première détentrice (1910) du

1. Marie-Josèphe de Beauregard a créé en 1971 l'Association française des femmes pilotes.
2. En effet, en Roumanie, le communisme ne s'est pas installé par la volonté du peuple. Curieusement, l'Europe de l'Ouest – si prompte à s'excuser sur d'autres questions – n'a jamais montré le moindre remords, ni remis en cause son rôle dans ce qui s'est passé dans l'Europe de l'Est il y a plus de soixante-dix ans (à la conférence de Yalta)…
3. Élise Deroche (1882-1919) est une artiste lyrique plus connue sous son nom de scène, celui de baronne Raymonde de Laroche.

brevet de pilote de l'Aéro-Club de France, **Élisabeth Boselli**[1], acquéreur du premier brevet de pilote militaire accordé à une femme, ou **Valérie André**[2], premier général féminin de l'armée de l'air, issue des services de santé (1976), toutes sont des personnalités féminines hors du commun qui, par leur courage et leur volonté, ont continué d'ouvrir la voie à leurs congénères.

POUR ALLER PLUS LOIN

Valérie André, *Madame le général*, Perrin, 1988.

« Conquérantes de l'air », *Icare*, n° 205, juin 2008.

1. À l'issue de la Seconde Guerre mondiale, le gouvernement provisoire autorise les femmes à suivre la formation de pilote militaire. Élisabeth Boselli (1914-2005) fait partie de cette première promotion et devient, en 1946, la première femme titulaire d'un brevet de pilote de chasse.
2. Valérie André (née en 1922), résistante, médecin militaire, général de division, pilote d'hélicoptère, a été la première femme général de l'armée de l'air.

MISTINGUETT, PIONNIÈRE DES REVUES À PLUMES ET ESPIONNE MALGRÉ ELLE

(1875-1956)

« Quand l'insouciance et la légèreté rejoignent la grande Histoire !

Music-hall et Résistance ? Le loisir (donc le plaisir) et la guerre ? On pourrait s'en étonner. Cependant, comme Joséphine Baker quelques années plus tard, le personnage féminin dont il sera question dans ces pages – **Mistinguett, la première reine du music-hall** – remet les choses à leur place et atténue cette opposition qui vient s'ajouter à d'autres associations inattendues à première vue, comme celle de l'amour et de la mort.

Dans la première moitié du XXe siècle, le spectacle de divertissement, que Léon Daudet qualifiait de « monument du plaisir parisien », avait évolué du café-concert au music-hall puis au cinéma parlant. La revue, « avec son luxe, ses nudités, ses danses acrobatiques, ses décors cubistes[1] », a marqué durablement l'imaginaire de cette période et contribué à la situer dans la mémoire

1. William Speth, « Des revues », *Revue mondiale*, 15 juin 1926.

des générations futures. Ainsi, on n'évoque pas les Années folles (1920-1930), ce temps d'euphorie et d'incroyable effervescence qui a suivi les horreurs de la Première Guerre mondiale, sans se référer au music-hall[1]. Ce terme couvre à la fois un spectacle de variétés spécifique[2] et le lieu où celui-ci se produisait, à l'architecture propre, se distinguant, par exemple, de celle d'un café-concert. À Paris, il y avait à l'époque, semble-t-il, environ quatre-vingts music-halls.

Comment Jeanne Bourgeois, fille d'un travailleur journalier et d'une couturière d'Enghien-les-Bains, est-elle devenue Mistinguett, la reine du music-hall ? Qu'est-ce qui a fait que malgré les obstacles – une femme, des origines modestes… – elle s'est imposée dans le monde du spectacle et a inscrit son nom parmi ceux des artistes inoubliables de la scène française ?

Eh bien, son histoire est, comme celles d'autres femmes brillantes, édifiante. Les ingrédients, vous les connaissez : une personnalité forte, un talent qui ne demandait qu'à être révélé, le coup de pouce d'un proche, d'un bienfaiteur, ou si vous préférez du destin…

1. Pour mieux distinguer ce nouveau genre : on ne paie pas l'entrée dans un café-concert, à condition de payer une consommation, alors que l'accès au music-hall, vu principalement comme lieu de spectacle, est payant. L'organisation de l'espace est également très différente, s'apparentant – dans le music-hall – à celle d'un théâtre à l'italienne et nécessitant des moyens techniques importants.
2. À l'origine, la revue montrait, dans un registre satirique, des événements et des personnages de l'actualité. Ensuite, le corps féminin y devint central. Après la Première Guerre mondiale, on assista à la profusion de costumes, de décors, de lumières, de musiques et de danseuses. Les *tableaux* qui composaient une revue évoquaient des intrigues amoureuses ou liées à l'argent, ayant pour cadre le monde à différentes époques, en premier lieu la ville de Paris et ses habitants.

De niveau modeste mais soucieux de l'éducation de leur enfant, les parents de la petite Jeanne lui font prendre des cours de théâtre et de chant, ainsi que des leçons de violon. C'est dans le train Enghien-Paris, où elle se rendait pour ces dernières, que la jeune fille croisa Saint-Marcel, responsable de revue au Casino de Paris. Il l'y fait engager et lui suggère même son nom de scène, en fredonnant un petit refrain : « *Oh la Vertinguette, oh la Vertingué, oh la Vertinguette, c'est la Miss Elyett, c'est la Miss Tinguette !* »... « Miss » et « Tinguette » se rapprochèrent donc, et le mot nouvellement formé se débarrassa du *e* final – voilà comment Mistinguett est née...

Malicieuse, énergique, gouailleuse, Mistinguett mène de nombreuses revues, s'invente un style fait d'insouciance et de légèreté : plumes, paillettes et poudre d'or, *boys*, *girls* et danse (y compris acrobatique)... En 1885, elle joue au Trianon-Concert, dans le 18e arrondissement. La Goulue[1] s'y est aussi produite, ainsi que d'autres artistes alors très connus mais dont le nom ne nous parle plus aujourd'hui. On l'applaudit tour à tour à l'Eldorado, au Moulin-Rouge, aux Folies-Bergère, au Casino de Paris, et puis à l'étranger bien sûr, aux États-Unis et en Amérique du Sud.

En haut de l'affiche : les meneuses

À l'époque de Mistinguett, le public venait spécialement pour voir les meneuses. Elles étaient, parmi les danseuses de revue, les vedettes, celles qui évoluaient au centre de la scène. Elles se distinguaient des autres danseuses par des parures en plumes plus volumineuses et un costume différent, qui les mettaient en avant. Mais surtout, les meneuses

1. Nom de scène de Louise Weber (1866-1929), danseuse de cancan très populaire.

avaient leur nom sur l'affiche du spectacle, et elles possédaient leur loge personnelle et leur habilleuse attitrée.

Pour en arriver là, ces jeunes femmes avaient dû gravir plusieurs marches : danseuse de ligne ou *girl*, puis doublure (ou remplaçante), *swing* ou tournante (qui peut alors remplacer n'importe quelle autre danseuse), soliste (semi-vedette) et, enfin, meneuse, c'est-à-dire vedette ou star.

Récapitulons : chanter, danser, jouer la comédie… il fallait savoir tout faire pour mener une revue de music-hall !

Côté personnalité, en revanche, Mistinguett n'est pas commode, un vrai « dictateur » en puissance : elle décide de tout, tout le temps, contre tous. Sa vie privée passant après sa carrière et le public avant ses proches, son caractère bien trempé s'y ajoute. Cependant, la frivole tombe amoureuse – ce n'était pas non plus une machine dépourvue d'émotions – et c'est cette « faiblesse » qui lui vaut son rôle d'espionne pendant la guerre. De son propre aveu, elle n'avait ni le goût ni les qualités pour cela, mais que voulez-vous, le cœur a ses raisons que la raison ne connaît pas…

L'amant de Mistinguett n'est autre que le chanteur Maurice Chevalier, soldat-infirmier de 2e classe. Blessé le 22 août 1914, il est fait prisonnier par les Allemands. Sans nouvelles et inquiète, la chanteuse s'adresse alors à la Croix-Rouge, qui finit par retrouver sa trace à Altengraben, en Prusse. Elle décide alors de tout faire pour le sauver et lui rendre sa liberté, quitte à endosser le rôle d'espionne pour les Renseignements. Et elle commence par tendre l'oreille dans les hôtels qu'elle fréquente, en Italie, par exemple, où elle écoute des plénipotentiaires allemands et italiens, mais leurs conversations se révèlent le plus souvent sans intérêt. Toutefois, elle arrive à démasquer un banquier qui espionnait sous ses airs de spécialiste en finances, et à sauver la mise à un journaliste français injustement accusé de collaborer avec l'ennemi.

Mistinguett agit pourtant avec une certaine légèreté, comme si elle n'a pas conscience de la gravité et des risques de ses actions. Et c'est en se rendant à Genève pour s'informer sur le sort de son amant et pour essayer de le faire libérer qu'elle est arrêtée par deux fois. La seconde fois, les soupçons la concernant sont tels qu'on lui enduit le corps tout entier de pâte au citron à la recherche d'encre sympathique.

Sa mission d'espionne était donc de faire parler les gens et d'ouvrir grand ses oreilles, puis d'envoyer son rapport chaque soir. Qui était son supérieur ? Combien de temps a-t-elle espionné ? On ne le sait pas très bien, mais en 1916, à la demande du commandant Georges Ladoux, chargé de recruter et de surveiller les espions et les agents doubles, elle avait loué un appartement dans le quartier de l'Opéra afin de surveiller Miguel Almereyda, le directeur du périodique (d'abord hebdomadaire puis quotidien) *Le Bonnet rouge*[1]. Ladoux s'était fait connaître, entre autres, lors du procès de Mata Hari (voir supra) ; il aurait pu être son contact.

Par ailleurs, lorsqu'on tournait en dérision le choix d'espionnes du général Augustin Dubail, gouverneur de Paris à l'époque,

1. La ligne éditoriale du *Bonnet rouge* (publication d'extrême gauche) préconise, entre autres, le rapprochement franco-allemand. En même temps, le fait de bénéficier, en ces temps de guerre, de financements étrangers est jugé suspect et Miguel Almereyda, le rédacteur en chef, mis en cause. En mai 1917, Émile Duval, son remplaçant à la tête du journal, se fait interpeller avec en sa possession un chèque d'une valeur de 150 000 francs, venant du banquier allemand Marx de Mannheim. Il sera emprisonné. Incarcéré à son tour, Almereyda sera retrouvé étranglé avec ses lacets le lendemain. Cette « affaire du *Bonnet rouge* » eut comme conséquence la chute du gouvernement.

on prenait pour exemple… la chanteuse Mistinguett, considérée peu crédible à cause de sa célébrité. Et pourtant elle était précieuse, notamment par ses relations, ainsi que par ses nombreux déplacements. Un exemple parmi d'autres, l'artiste avait soutiré des informations à son ami le prince de Hohenlohe (1867-1932), général et diplomate austro-hongrois très influent pendant la Première Guerre mondiale, et les avait transmises aux Renseignements français. Devenir espionne par amour ! Ou quand l'insouciance et la légèreté rejoignent la grande Histoire !

POUR ALLER PLUS LOIN

Mistinguett, *Toute ma vie*, René Julliard, 2020.

Martin Pénet, *Mistinguett, la reine des Années folles*, Tallandier, 2014.

Georges Ladoux, *Mes souvenirs (contre-espionnage)*, Édition de France, 1937.

NICOLE GÉRARD-MANGIN, LA SEULE FEMME MÉDECIN DE L'ARMÉE FRANÇAISE PENDANT LA PREMIÈRE GUERRE MONDIALE

Et pour cause… Elle reçut l'ordre de mobilisation par erreur. Les autorités militaires, cherchant un médecin pour un hôpital à Bourbonne-les-Bains, avaient fait l'impasse sur le prénom féminin (« Nicole »). On la reçut donc avec méfiance. Et pourtant, médecin de l'Assistance publique et membre du Comité de secours aux blessés militaires, vous pensez si Nicole Gérard-Mangin était apte à remplir ses fonctions ! Elle s'avéra intelligente et inventive : comme le matériel manquait, elle procéda à la stérilisation des instruments disponibles dans un four de boulanger et se débrouilla pour confectionner des attelles à l'aide de treillages.

Son poste suivant fut à Reims. Elle était désormais médecin auxiliaire… avec un salaire d'infirmière. Cet air ne doit pas vous être inconnu… Puis, entre la fin 1914 et le début 1915, elle se retrouva à Verdun, où elle soigna les blessés non transportables et les malades du typhus. À son arrivée, et pendant des semaines, on lui refusa l'accès aux salles. Entre autres tâches, elle coupait du bois et nourrissait les vaches. Un jour, alors qu'elle conduisait une ambulance avec des blessés, elle fut elle-même blessée au visage par un éclat d'obus.

En 1916, elle obtint enfin une promotion : médecin-major, puis directrice de l'hôpital-école Édith-Cavell, à Paris. Sa carrière put décoller. Elle y forma des infirmières aux côtés de son amie Marie Curie, qui donnait des cours de radiologie. Lors de l'épidémie de grippe espagnole (1918), on trouva encore Nicole Gérard-Mangin aux premières lignes pour soigner les malades.

Par la suite, elle s'engagea pour la cause des femmes, avec l'Union des femmes françaises. Professionnellement, elle renoua, auprès de la Croix-Rouge américaine, avec un sujet qui l'avait beaucoup intéressée avant la guerre : la tuberculose. De même, elle prit part à la création de La Ligue contre le cancer, son autre domaine d'intérêt.

Comment ne pas s'étonner, au vu de ses états de service, de son courage et de ses compétences, du fait que le docteur Nicole Gérard-Mangin n'ait reçu ni citation ni décoration à son retour à la vie civile ?

Filles d'Athéna : les femmes et la science

Katherine Johnson (1918-2020)

Sophie Germain (1776-1831)

Marie Curie (1867-1934)

Alice Perry (1885-1969), Elisa Leonida Zamfirescu (1887-1973)

Florence Nightingale (1864-1922)

Ada Lovelace (1815-1852)

Grace Hopper (1906-1992)

Plautilla Bricci (1616-vers 1690)

Bettisia Gozzadini (1209-1261)

Hypatie (vers 360-415)

KATHERINE JOHNSON, PIONNIÈRE DE LA NASA

(1918-2020)

Si elle décrète que les chiffres sont justes, je suis prêt à y aller.
(John Glenn, astronaute)

J'ai fait la connaissance de Katherine Johnson grâce à un roman jeunesse[1] : *Combien de pas jusqu'à la lune*, de Carole Trébor – j'aurais aussi pu regarder *Figures de l'ombre*, sorti en 2016. C'est donc cette lecture lumineuse qui m'a donné envie de me documenter sur la petite surdouée afro-américaine de Virginie-Occidentale (États-Unis) qui, par son travail et sa persévérance, est devenue **pionnière dans le domaine de l'astrophysique**.

Notons que deux autres femmes exceptionnelles ont également participé, par leurs travaux remarquables, à la conquête spatiale américaine : **Mary Jackson** et **Dorothy Vaughan**.

1. Je trouve très dommage que certains livres jeunesse soient boycottés par les adultes en raison de cette étiquette réductrice. Je ne résiste pas à mentionner ici *Le Passeur*, de Lois Lowry, classé en jeunesse mais qui s'adresse véritablement à nous tous. Une invitation à réfléchir sur le monde dans lequel nous vivons, à nos paroles et à nos actions…

Mais j'ai choisi de vous parler plus en détail de **Katherine Coleman Goble Johnson**, dont la biographie retrace un itinéraire audacieux et admirable, autant qu'elle nous invite à réfléchir au rôle de l'éducation, de la culture générale, et surtout à la façon dont chacun de nous se positionne, par ses choix personnels, face au monde qui nous entoure. La science ne bannit pas l'émotion, bien au contraire. Et ce chapitre y fera souvent appel.

Katherine Johnson a toujours été excellente en mathématiques et, lorsqu'elle est devenue ingénieure aérospatiale à la NASA, on lui a confié des calculs essentiels pour des missions historiques, comme ceux sur la trajectoire du vol spatial d'Alan Shepard[1] (1961) ou ceux sur la trajectoire d'*Apollo 11* vers la Lune. Son rôle y a été déterminant, sa réputation sans faille, au point que l'astronaute John Glenn avait demandé que Katherine Johnson vérifie elle-même les calculs avant d'effectuer le premier vol orbital américain en 1962 : « *Si elle décrète que les chiffres sont justes, je suis prêt à y aller.* » Et pourtant, que le chemin pour y arriver a été long et sinueux pour Katherine !

Une nature curieuse et charismatique, un talent inné pour les mathématiques, une capacité de travail exceptionnelle, une volonté de fer doublée d'une modestie tout à son honneur… voici pêle-mêle les qualités – et j'en oublie sûrement – qui expliquent les belles réalisations de Katherine. Sa longue vie (elle s'est éteinte en 2020, à cent un ans) a été un enchaînement d'événements – souvent fastes car son environnement familial était sain et aimant – qui l'ont conduite vers l'issue heureuse et le succès qu'on lui connaît. En avance sur ses petits camarades, elle obtient le baccalauréat à quatorze ans, puis le diplôme de

1. Alan Shepard (1923-1998) est un astronaute et pilote d'essai américain, le premier Américain à voyager dans l'espace et le cinquième homme à avoir foulé le sol lunaire.

fin d'études universitaires à dix-huit ans avec la mention « *cum laudae*[1] ». Ses professeurs font preuve de conscience professionnelle (ou, si vous préférez, ils ont à cœur de bien faire leur travail) et ils établissent une relation saine avec leurs étudiants qui, à leur tour, se montrent motivés. Ainsi, William Claytor, l'un des premiers Afro-Américains à avoir obtenu une thèse en mathématiques, est allé jusqu'à créer de nouveaux cours spécialement pour Katherine ! Les uns se sentent donc investis d'une mission en accord avec leurs valeurs, les autres se laissent stimulés et guidés, mus par leur bon exemple, sinon par la passion comme ce fut le cas de Katherine Johnson. Celle-ci est comblée également dans sa vie privée puisque son premier mari, James Francis Goble, l'entoure de son affection et lui offre l'environnement calme et sécurisant dont elle avait l'habitude et qui lui était en même temps si nécessaire.

Le premier poste de cette jeune prodige sera dans le professorat : elle se chargera d'enseigner les maths, le français et la musique dans une école primaire ségréguée de Virginie. Et c'est un peu par hasard qu'un proche lui apprend que *National Advisory Committee for Aeronautics* (la future NASA) recrute… Une fois en poste, elle s'imposera – non sans quelques difficultés – par son travail précis, basé sur des connaissances solides.

Malgré la ségrégation raciale et la misogynie qu'elle a dû affronter, Katherine Johnson est toujours allée de l'avant, sans violence, soutenue par ses proches et par ses propres convictions. Son père, fermier, et sa mère, institutrice, n'ont eu aucun mal à reconnaître les capacités intellectuelles hors norme de leur benjamine et, plus généralement, ils étaient persuadés que leurs quatre enfants devaient étudier pour s'assurer une vie plus agréable que la leur. Alors, aucun sacrifice ne fut de trop pour les soutenir et les encourager dans leur parcours. J'ai été impressionnée par

1. En latin : « avec louange ».

l'harmonie qui régnait dans la famille Coleman, par l'amour et la confiance qui l'emportaient à chaque fois sur les épreuves que la vie dressait devant eux, et par la qualité de l'éducation apportée aux enfants (Katherine et ses frères apprennent même la musique !). J'attire donc votre attention sur ce point précis et qui me tient à cœur : **l'éducation**. Plus elle est complète, rigoureuse, solide, et plus elle est efficace et bienfaisante. Le 12 mai 1976, André Malraux prenait la parole devant l'Assemblée nationale à propos des propositions de loi relatives aux libertés et aux droits fondamentaux, et il évoquait (déjà !) la « crise de la civilisation, et par conséquent de la jeunesse » en ces termes :

> « Toutes les grandes civilisations, ordonnées par des valeurs suprêmes, généralement religieuses, ne fonctionnaient **que parce qu'elles avaient conçu un type exemplaire de l'homme. On savait ce qu'était un homme "bien", et cela en dehors de toute considération de classe.** D'ailleurs, dans les deux pays qui, les premiers, ont eu une influence mondiale – l'Espagne et l'Angleterre – il y a eu un mot pour désigner ce type d'homme : "*gentleman*" et "*caballero*".
>
> « Tout le monde employait le mot. La reconnaissance même mensongère de ce type humain assurait l'armature de la société et des individus. Ceux-ci s'accordaient à ces valeurs, non par des doctrines, mais par une formation assurée par la famille, la religion, les coutumes, par des éléments irrationnels. Or, au XIXe siècle, la valeur suprême, reconnue ou non, mais incontestable, c'est la science. Vers la fin du siècle, on s'aperçoit avec stupéfaction qu'il y a, entre la science et tout ce qui l'a précédée, une différence de nature. C'est le moment où Marcellin Berthelot met en exergue à l'Encyclopédie : "La science est capable de tuer un bœuf, elle ne l'est pas de créer un œuf." **La plus puissante civilisation que l'homme ait**

connue, la nôtre, peut détruire la terre : elle ne peut pas former un adolescent. La science s'applique : elle ne se dilue pas, parce que son type exemplaire serait au mieux le savant. Tout Anglais se croit une monnaie de gentleman, mais un téléspectateur ne se croit pas une monnaie de savant. »

Je vous invite à relire l'intégralité de ce texte : il est édifiant.

Cela doit paraître incongru de parler de l'importance de la culture générale (philosophie, littérature, arts, musique) dans un chapitre célébrant une femme qui a réussi dans… les sciences. Eh bien, pas du tout. Les valeurs humaines sont et restent fondamentales et **aucune civilisation ne peut subsister sans une culture solide qui la charpente.** Il est vital qu'on « fréquente » la culture, qu'on la… cultive et qu'on la maintienne vivante. Elle n'est pas réservée à une élite (ne la nomme-t-on pas « générale » ?) mais nous concerne tous.

Nombre de savants contemporains restent « ignorants[1] » dans tout ce qui sort de leur domaine de spécialisation, se retirant ainsi – non sans une certaine arrogance – dans un *locule*, sorte de prison librement consentie. Et pourtant **c'est de la culture générale qu'éclosent les spécialités : elle est le terreau qui les inspire et, en retour, ces dernières la nourrissent et la façonnent.**

De fil en aiguille, je comprends maintenant mieux la fascination qu'a exercée sur moi la biographie de Katherine Johnson. Et la subtilité de la romancière-biographe, son intuition, a été de l'exprimer dans son livre extrêmement bien documenté, en s'attardant avec finesse et sensibilité sur tous les menus détails qui contribuent à la formation d'une personne. J'ai trouvé Katherine Johnson admirable et sa vie exemplaire au-delà de tout ce que

1. Le même Malraux, éminent ministre de la Culture, remarquait cette dégradation de l'intelligence, et parlait d'intellectuels sans culture…

cette femme exceptionnelle a réussi à réaliser. J'espère qu'elle vous insufflera le même enthousiasme. Sa curiosité, à chaque étape de sa vie, pour des domaines qui dépassaient sa spécialisation m'a saisie, et je suis persuadée qu'elle a puisé son inspiration et sa force dans l'ensemble de ses connaissances, dans **cet « ailleurs[1] » culturel et spirituel qui aide une vocation à se forger**. Et si c'était cela le secret de la réussite, autant que d'une vie accomplie ?

POUR ALLER PLUS LOIN

Carole Trébor, *Combien de pas jusqu'à la lune*, Albin Michel, 2019.
Georges Steiner, *Ceux qui brûlent les livres*, L'Herne, 2008.
La Querelle de l'école (dir. Alain Finkielkraut), Folio, 2009.

SOPHIE GERMAIN, MATHÉMATICIENNE, PHYSICIENNE ET PHILOSOPHE

C'est l'histoire d'une parfaite autodidacte qui a fait progresser les mathématiques…

Cette fille de commerçants parisiens commença à s'intéresser aux maths en lisant dans l'*Histoire des mathématiques* de Jean-Étienne Montucla la partie dédiée à Archimède. À partir de là, elle lut beaucoup (Newton, Euler…) et se forma toute seule : il faut dire que, pour les filles à l'époque, il n'y avait

1. La culture générale ne se porte pas très bien dans certains pays occidentaux. Les mathématiques sont désormais considérées comme… racistes chez nos amis américains. Vous non plus vous ne comprenez pas comment les mathématiques sont devenues un instrument d'oppression au même titre que l'orthographe ou la grammaire ? On se dresse aujourd'hui violemment contre l'histoire, contre la culture, et demain contre les sciences dans leur ensemble. Mais que se passera-t-il lorsqu'on sera tous devenus illettrés et ignorants par « générosité », par « souci d'égalité » ? Inquiétante interrogation.

pas trente-six solutions. Après avoir essayé de l'en dissuader, sa famille accepta finalement cette passion « étrange ».

Certes, l'École polytechnique, fondée en 1794, accueillait les plus brillants scientifiques, mais comment y entrer lorsqu'on était une femme ? (Ses portes resteront fermées à la gente féminine jusqu'en... 1972 !) Sophie Germain imagina alors une ruse pour franchir cette barrière injuste et assouvir sa soif de savoir. Elle se fit passer pour un jeune homme et obtint, par courrier, les cours de mathématiques si convoités. Puis, en correspondant avec le professeur Joseph-Louis Lagrange, elle gagna son estime et ne la perdit pas lorsqu'il découvrit le stratagème de la courageuse demoiselle.

Lagrange la mit en contact avec Adrien-Marie Legendre[1], qui l'introduisit à la théorie des nombres. Étape suivante, Sophie Germain s'intéressa de près aux *Disquisitiones arithmeticae*, un ouvrage fondamental publié en 1801 par Carl Friedrich Gauss[2], à qui elle écrivit sous le même nom masculin d'Augustin Leblanc, qu'elle avait déjà utilisé pour s'inscrire à Polytechnique. Rebelote, Gauss apprécia ses démonstrations et accepta de correspondre avec elle.

Sophie Germain se passionna pour le théorème de Fermat, énoncé en 1637 (il ne sera démontré qu'en 1994 par Andrew Wiles), et réussit à y apporter sa contribution. Les matheux connaissent le théorème de Sophie Germain et les « nombres premiers de Sophie Germain », et savent qu'un nombre premier est dit « de Sophie Germain » si son double plus un est aussi premier : ainsi, 5, nombre premier, en fait partie puisque (5 x 2) + 1 vaut 11, qui est lui aussi premier.

1. Adrien-Marie Legendre (1752-1833) est un mathématicien français. Il a publié de grands ouvrages scientifiques et donné son nom à plusieurs notions de mathématiques.
2. Carl Friedrich Gauss (1777-1855) est un mathématicien, astronome et physicien allemand.

Rappelons que Sophie Germain fut aussi la première femme à remporter un prix de l'Académie des sciences ainsi que le droit d'assister aux séances grâce à son seul mérite : elle avait en effet soumis à l'Académie en 1816 – sous son vrai nom – une théorie mathématique sur l'élasticité des corps.

Affaiblie par un cancer du sein, elle rédigea encore *Considérations sur l'état des sciences et des lettres*, un essai philosophique sur le développement intellectuel et l'évolution de la société, qui retint l'attention d'Auguste Comte.

Sophie Germain repose au Père-Lachaise. Son certificat de décès la désigne comme « rentière », faisant fi de ses mérites de scientifique : le fonctionnaire qui s'en était occupé avait considéré que « ce ne sont pas des affaires de femmes ». Qu'y a-t-il donc à ajouter ?

POUR ALLER PLUS LOIN

Sylvie Dodeller, *Sophie Germain. La femme cachée des mathématiques*, L'École des Loisirs, 2020.

Anne Boyé, Sophie Charretton, *Je suis… Sophie Germain*, Jacques André Éditeur, 2017.

MARIE CURIE, LA PREMIÈRE FEMME À AVOIR OBTENU LE PRIX NOBEL…

(1867-1934)

> *Sans la curiosité de l'esprit, que serions-nous ?*

… et pas qu'une fois ! Deux ! La première fois en 1903, lorsque le couple Marie et Pierre Curie partage avec Henri Becquerel le prix Nobel de physique pour la découverte de la radioactivité. La seconde fois en 1911, quand Marie Curie remporte, seule, celui de chimie pour la découverte du radium – Pierre Curie est alors décédé depuis cinq ans, Henri Becquerel depuis trois. Par ailleurs, Marie Curie est la seule personne à avoir obtenu ce prix dans deux sciences différentes. Mais reprenons les choses dans l'ordre et rappelons ces événements.

La Polonaise Marie Skłodowska est arrivée en France en 1891 afin de suivre des études de physique et de chimie à la Sorbonne. Avant elle, sa sœur Bronia avait également opté pour Paris et venait juste d'obtenir son diplôme à l'École de médecine. Il faut dire qu'en Pologne – alors sous domination russe – les études supérieures scientifiques sont un rêve inaccessible, notamment aux femmes.

L'enfance de Marie, cadette d'une famille aimante et unie, entre un père professeur de physique et de mathématiques, également passionné de littérature et de musique, et une mère douce et bienveillante, directrice de pensionnat, n'est ombragée que par l'atmosphère oppressante imposée par l'envahisseur russe. Une scolarité exceptionnelle et la fascination pour les « appareils de physique » du cabinet de travail de son père annoncent déjà un avenir studieux. Mais le malheur s'abat sur la maison. Zofia, l'aînée de la fratrie, puis leur mère sont toutes les deux emportées par la maladie : l'une par le typhus, l'autre par la tuberculose.

Lorsque Marie s'inscrit à la Sorbonne, la prestigieuse institution compte des professeurs de sciences réputés, tels Paul Painlevé, Henri Poincaré ou Gabriel Lippmann… Ce dernier la remarque et lui propose de travailler sur l'aimantation des aciers dans son laboratoire de recherche.

Je n'ai aucun mal à imaginer Marie sur ce trajet parisien que, dans un premier temps, elle suivait depuis le domicile de sa sœur jusqu'à la rue des Écoles. Plus tard, prise par le rythme soutenu d'un travail qui la passionne, elle se rapprochera de la Sorbonne et louera une chambre de bonne sans eau et sans chauffage. En 1883, elle est reçue première à la licence en physique, deuxième en maths.

Et voilà que pour mener à bien ses expériences, Marie a besoin de consulter un spécialiste du magnétisme de la matière, qui n'est autre que Pierre Curie, son futur époux. Les bonnes rencontres ont lieu au bon moment, et les résultats ne se font pas attendre. Certes, ce furent des années de sacrifice et de labeur intense, mais la vie de la jeune étudiante, dans ce Paris élégant et festif de l'époque, a un charme et une beauté à part. Avec Pierre, ce fut le coup de foudre ! Nous n'allons pas les suivre plus loin dans leurs conversations scientifiques très pointues… je ne suis pas sûre, d'ailleurs, qu'on y arriverait. Toujours est-il que leur relation se consolide au fil des semaines et que Pierre parvient à convaincre Marie de ne plus retourner en Pologne. Les deux chercheurs se marient discrètement en 1895. Leur travail de recherche se poursuit. Marie est reçue première au concours d'agrégation. Irène, leur premier enfant, naît en 1897.

Voyons maintenant comment a commencé l'épopée de la découverte de la radioactivité… L'analyse de la pechblende, un minerai noir et brillant, réalisée déjà en 1789 par le Prussien Martin Heinrich Klaproth[1], un chimiste quelque peu oublié aujourd'hui, a mené à la découverte d'un nouvel élément, l'uranium. Celui-ci apparaît dès lors comme le dernier élément dans le classement du chimiste russe Dmitri Mendeleïev, le plus lourd des corps terrestres simples. Mais pour Henri Becquerel, l'uranium n'est pas aussi simple. Le chercheur effectue des expériences sur des sels d'uranium qui émettent un rayonnement comparable à celui des rayons X. Or il en résulte que la luminescence en question est intrinsèque, sans véritable rapport avec les rayons X…

Le phénomène décrit par Becquerel intéresse beaucoup Marie Curie, alors à la recherche d'un sujet de thèse (j'allais oublier : elle sera également la première femme docteur ès sciences de France !). Elle s'y consacre, et Pierre décide d'interrompre ses propres recherches et de collaborer au projet pionnier de sa femme. De fil en aiguille, leur recherche commune se met donc en place. Ils installent leur matériel dans un hangar abandonné de l'École de physique, dont l'état est pourtant pitoyable : le toit

1. Martin Heinrich Klaproth (1743-1817) est un pharmacien et chimiste allemand.

est troué, le sol abîmé, et le poêle ne fonctionne pas. Mais ils ont besoin d'un large espace et d'une quantité importante de minerai, et se font livrer plusieurs tonnes de résidus de minerai de Bohême. C'est donc dans ce lieu improbable qu'ils vont découvrir le radium.

Les deux chercheurs n'économisent pas leurs efforts. Néanmoins, malgré des conditions matérielles très difficiles, ils choisissent d'un commun accord de ne pas assurer par brevet leur procédé de séparation du radium, considérant qu'une telle mesure outrepasserait l'éthique scientifique. Que voulez-vous, autre époque, autres mœurs ! Cette générosité nous laisse aujourd'hui rêveurs…

Afin de pallier les problèmes financiers, Pierre accepte un poste de professeur à la Sorbonne, tandis que Marie enseigne à l'École normale supérieure de jeunes filles de Sèvres (et elle est, en France, la première femme professeur dans l'enseignement supérieur !). Pour tout repos et peut-être en guise de récompense, ils s'autorisent de temps en temps quelques échappées à vélo à travers le pays (avec les deux bicyclettes reçues comme cadeau de mariage).

Côté recherche, ils baptisent « radioactivité » (en latin, *radius* signifie « rayon ») le phénomène physique par lequel des éléments naturels instables émettent spontanément de l'énergie sous forme de rayons. Cette découverte leur vaut, le 10 décembre 1903, le prix Nobel de physique ; celui-ci est ainsi attribué pour moitié à Henri Becquerel, pour moitié – et à parts égales – à Pierre et Marie Curie. Mais il s'en est fallu de peu pour que l'Académie des sciences de Stockholm n'oublie Marie. Seuls Henri Becquerel et Pierre Curie avaient été désignés dans un premier temps par la prestigieuse institution. Ce dernier, l'ayant appris à l'avance par un membre du jury, écrivit une lettre au comité afin de réparer cette injustice… euh, cet « oubli ». Et c'est ainsi que, pour la première fois, une femme accédait à un prix Nobel.

Le couple ne tire pas plus de bonheur du succès et de la notoriété, mais il lui arrive de se laisser entraîner dans des activités culturelles, comme le théâtre ou le concert. Plus amusant, les séances de spiritisme étant très à la mode à cette époque, les Curie sont tentés, à un moment, d'étudier scientifiquement le phénomène de la lévitation. Mais ils y renoncent assez vite… La plus grande inquiétude vient de l'état de santé de Pierre, dont les douleurs articulaires sont de plus en plus intenses. Enfin, la seconde fille du couple, Ève, naît à la fin de l'année 1904.

Par ailleurs, dans leur discours lors de la réception de leur prix Nobel, les lauréats avaient fait part de leur préoccupation :

> « On peut concevoir encore que dans des mains criminelles le radium puisse devenir très dangereux, et on peut se demander si l'humanité a avantage à connaître les secrets de la nature, si elle est mûre pour en profiter, ou si cette connaissance ne lui sera pas nuisible. »

Toutefois, la découverte de la radioactivité a permis, entre autres, d'avancer dans la lutte contre le cancer. Les rayons X, ou rayons Röntgen, du nom du scientifique qui les avait découverts, avaient déjà été utilisés dans le traitement des maladies cutanées. En 1905 est prouvée l'efficacité du radium dans les cas de cancer de la peau et du col de l'utérus, et des thérapies novatrices apparaissent : la röntgenthérapie et la radiumthérapie (pour cette dernière, on implante dans la tumeur des aiguilles contenant du radium). Tout cela entraîne un véritable engouement du public pour le radium. Sans prendre la réelle mesure de sa dangerosité, on l'introduit dans les produits cosmétiques, les préservatifs ou les engrais. De nombreux accidents, voire des décès, s'ensuivent avant que le monde scientifique ne réalise son erreur.

Mais retournons à Marie, qui doit affronter la plus difficile épreuve de sa vie : la disparition de son mari, renversé par un fiacre, en avril 1906. Le tragique accident de Pierre met un terme brutal à l'unité harmonieuse de ce couple mythique. Devant les autres, Marie ne laisse rien transparaître de sa douleur, qu'elle préfère coucher sur les pages de son journal pendant les mois qui suivent.

On lui propose alors de prendre la place de Pierre à la Sorbonne. Elle le fait très dignement, mais le jour suivant son dernier cours, elle note ceci dans son journal : « Hier, j'ai fait le dernier cours en remplacement de mon Pierre. Quel navrement et quel désespoir ! »

Puis Marie s'adonne à son travail avec plus d'acharnement encore – cela ne nous surprend pas vraiment. En 1910, elle parvient enfin à obtenir un gramme de radium pur. L'année suivante, lors d'un congrès international (un des premiers) qui réunit les scientifiques les plus réputés du moment – Max Planck et Albert Einstein sont présents –, Marie représente la France, aux côtés de Paul Langevin, de Maurice de Broglie ou d'Henri Poincaré. Et il ne vous sera pas difficile de deviner qu'elle fut la seule participante de sexe féminin…

En 1911, le prix Nobel de chimie lui revient pour avoir découvert deux nouveaux éléments, le radium et le polonium. Et ce prix arrive au bon moment pour éteindre un scandale qui touchait Marie au plus profond d'elle-même et qui la laissera meurtrie à jamais : l'« affaire Langevin »…

Après la mort de Pierre, Marie et Paul Langevin, ami du couple Curie et lui-même brillant physicien, sont progressivement devenus très proches. Leur relation amoureuse est néanmoins entravée par le fait que Langevin est marié à Jeanne Desfosses et père de quatre enfants. Ce mariage bat de l'aile depuis un moment et l'entourage du professeur Langevin n'ignore pas que celui-ci doit supporter les insultes (et parfois les coups!) de sa femme et de sa belle-mère, qui lui reprochent sa modeste rémunération de chercheur. Apprenant cette liaison avec Marie Curie, les deux femmes la rendent publique et mettent tout en œuvre pour détruire la réputation de la scientifique, que la presse présente désormais comme une étrangère («la Polonaise», «la Russe», «la juive») ou comme une femme hautaine et prête à briser une famille. Pour vous donner une idée de l'ampleur du scandale (et de ses abus), *L'Œuvre*[1] avait publié plusieurs pages de la correspondance entre Marie et Paul Langevin; Marie dut même s'enfuir de sa maison de Sceaux, prise d'assaut par une foule déchaînée… On imagine son désarroi. La santé de plus en plus défaillante, déçue et malheureuse, elle se retire chez des amis pour se remettre. Sa relation avec Paul ainsi compromise, on ne lui connaîtra plus d'autre relation amoureuse par la suite.

En 1914, Marie Curie n'hésite pas à prendre part à l'effort de guerre, d'abord en dressant une évaluation lucide de la situation et des besoins des services sanitaires des armées, ensuite en mettant au point une vingtaine de «petites Curie», ces voitures équipées de matériel à rayons X qui se déplaçaient d'un lieu à l'autre du front et aidaient les médecins à visualiser les éclats d'obus dans le corps des blessés.

Pendant les années de guerre, Marie est très active et fait preuve de sens pratique: grâce à elle, près de deux cents salles de radiologie voient le jour à travers la France et presque autant de manipulatrices de radiologie sont formées par ses soins à l'Institut

1. *L'Œuvre* est un journal hebdomadaire, puis quotidien, fondé par Gustave Téry.

du radium, entre 1916 et 1918. Son dévouement est à la hauteur de son patriotisme partagé entre la France, son pays d'adoption, et la Pologne, son pays de naissance. À la fin du conflit, pourtant, on oublia ses efforts et son comportement héroïque. Sans doute, les responsables politiques de l'époque avaient-ils d'autres priorités que celle de récompenser une femme vaillante et généreuse…

Mais tout ce qui précède est beaucoup plus complexe que ce résumé modeste. Il y aurait tant à écrire encore sur Marie Curie ! L'éducation moderne qu'elle donnait à ses filles, en les encourageant par exemple à faire du sport, à vivre en plein air, à s'exercer aux travaux manuels, en plus de la formation scientifique qu'elle leur prodiguait, me semble très en avance sur les mœurs d'alors. Marie Curie était, paraît-il, en désaccord total avec le système éducatif de l'époque et elle avait conçu une organisation différente, qui mériterait peut-être d'être étudiée de plus près. On nivelle toujours par le bas, il serait utile de se pencher sur des méthodes d'apprentissage qui tireraient les jeunes vers le haut.

Remarquons plutôt, pour terminer ces pages sur Marie Curie, que sa vie de pionnière, semée d'embûches en tout genre, a ouvert la voie à d'autres femmes méritantes, non seulement dans les sciences mais aussi plus généralement dans la société…

POUR ALLER PLUS LOIN

Marie Curie et ses filles, *Lettres*, Pygmalion-Gérard Watelet, 2011.

Ève Curie, *Madame Curie*, Gallimard, 1981.

Robert Reid, *Marie Curie*, Seuil, 1983.

Isabelle Chavannes, *Leçons de Marie Curie*, EDP Sciences, 2003.

ALICE PERRY ET ELISA LEONIDA ZAMFIRESCU, LES PREMIÈRES FEMMES INGÉNIEURS EN EUROPE

En 1906, l'Irlandaise Alice Jacqueline Perry (1885-1969) obtenait son diplôme d'ingénieur au Queen's College de Galway. En 1912, la Roumaine Elisa Leonida Zamfirescu l'obtenait à Berlin. Seulement six ans séparent donc ces véritables exploits. Si je tiens à vous parler de ces deux pionnières, c'est parce que, en plus de leur mérite respectif et du fait que leur histoire est touchante et vaut la peine d'être connue, il m'a semblé que les mettre en parallèle pouvait nous éclairer sur l'esprit d'une époque qui empêchait les jeunes femmes de s'affirmer alors qu'elles étaient assoiffées de connaissance et avaient envie de travailler.

Commençons par **Alice Perry**, issue d'une famille aux traditions d'ingénierie : son père est géomètre du comté de Galway West et cofondateur de la *Galway Electric Light Company* ; son oncle, John Perry, est l'inventeur du gyroscope de navigation. Très douée en mathématiques mais également en arts, Alice bénéficie d'une bourse d'études à l'Université royale de Galway, dont elle obtient le diplôme avec une mention très bien. Alors que la voilà bien partie pour poursuivre sa carrière universitaire, son père décède. La jeune femme est contrainte de renoncer à ses études et on lui propose d'occuper temporairement le poste de son père, devenu vacant, le temps qu'un concours soit organisé pour le remplacer. Elle s'acquitte consciencieusement de cette tâche, qui consiste à inspecter les bâtiments publics des environs de Galway et pour laquelle elle reçoit le même salaire que son père. L'ayant accompagné autrefois, elle avait appris auprès de lui à inspecter les routes, les murs, les ponts et les bâtiments du comté, et à prendre des dispositions pour les réparer. En se chargeant seule de cette mission, la première femme ingénieur devient ainsi la première (et la seule) femme ayant travaillé comme géomètre du comté.

Toutefois, le conseil du comté considère qu'elle ne remplit pas tous les critères requis pour le poste définitif et ne la retient donc pas. Alice Perry quitte Galway l'année suivante, en 1908, pour s'installer à Londres, où ses chances de trouver un emploi correspondant à ses attentes sont plus grandes. Cette fois-ci, son travail de *Lady Factory Inspector* consiste à vérifier, pour le compte de *Home Office*, le respect des lois en faveur des femmes travaillant dans les usines. À l'époque, la Grande-Bretagne comptait le plus grand nombre d'accidents du travail au monde, et les femmes ouvrières étaient les plus exposées. Alice Perry a donc pour mission de repérer les différents dangers. Parmi ses responsabilités figurent le contrôle de l'exposition aux substances toxiques dans les environnements industriels, les dispositifs de sécurité, etc.

Par la suite, Alice Perry est mutée à Glasgow, en Écosse, où elle se marie et espère fonder une famille. Malheureusement, son mari est tué à la guerre un an plus tard. Alice, qui avait changé de religion entre-temps (du presbytérianisme au scientisme chrétien) et qui s'intéresse également à la poésie – elle en publiera plusieurs recueils –, déménage alors encore une fois, à Boston, où elle restera jusqu'à la fin de sa vie. Une vie somme toute simple, pas toujours paisible, faite de menus événements, de déménagements…

Ce qui me semble distinguer Alice Perry de la plupart des femmes évoquées dans ce livre est justement son existence discrète et modeste, presque insignifiante – Alice Perry reste d'ailleurs inconnue d'un large public –, qui ne s'est pas signalée par des actes exceptionnels. Alice Perry n'a pas été une créatrice, ni une chercheuse. Si elle a osé des engagements nouveaux, jusque-là interdits aux femmes, ce n'est pas parce qu'elle voulait transformer le monde, ni parce qu'elle sentait en elle la force rare des génies, mais parce qu'elle était curieuse et douée, et qu'elle avait envie de vivre comme elle l'entendait et d'accomplir un travail qui la satisfaisait.

À l'autre bout de l'Europe, à la même époque, une autre jeune fille prend à peu près le même chemin. Comme Alice Perry, **Elisa Leonida** (1887-1973) compte parmi ses proches des ingénieurs : son grand-père maternel, son frère… Ce qui ne signifie pas que la voie d'Elisa fut sans embûches. Elle fait partie d'une famille nombreuse de dix enfants. Née à Galați, petite ville de l'est de la Roumanie, dans le delta du Danube, Elisa poursuit ses études dans la capitale, à Bucarest. Après avoir passé son baccalauréat, elle postule à l'École des ponts et chaussées, mais sa candidature est refusée parce qu'elle est… une femme. Allons donc ! Elisa n'est pas du genre à se décourager et sa persévérance sera récompensée : en 1909, sa candidature est acceptée à l'Académie royale de technologie de Berlin[1], à Charlottenburg (Allemagne).

Je n'insisterai pas sur les quelques inconvénients à son arrivée dans cet établissement (elle y fut la première étudiante), puisqu'elle-même ne leur a pas donné d'importance. Il semblerait que ses « camarades » masculins l'aient empêchée de prendre part aux festivités traditionnelles en début d'année, sous prétexte que les femmes devaient se consacrer aux trois *K* – *Kinder, Küche, Kirche* (« enfants, cuisine, église »). Mais ils n'avaient pas encore compris qu'il en fallait plus pour la dissuader.

L'essentiel est ailleurs, dans le travail, et Elisa le sait. Elle obtient en 1912 son diplôme d'ingénieur spécialisé en chimie. C'est une jolie réussite, surtout que les femmes s'orientaient alors plutôt vers des études de lettres, de droit ou de médecine.

Mais ce n'est pas tout. Elisa Leonida rentre en Roumanie malgré une offre d'emploi chez BASF[2] (Allemagne) et réussit à décrocher un poste d'assistante à l'Institut géologique de Roumanie, qui vient d'être créé.

Ç'aurait été probablement le début d'une belle carrière si la Grande Guerre n'était pas venue l'interrompre. Elisa s'engage alors auprès de la Croix-Rouge et n'hésite pas à risquer sa vie pour aider les soldats blessés. Pendant le conflit, Elisa Leonida fait la connaissance de son futur mari, Constantin Zamfirescu,

1. Actuellement, l'Université technique de Berlin.
2. Créé en 1865, BASF est actuellement le plus grand groupe chimique au monde.

chimiste comme elle et frère de l'écrivain Duiliu Zamfirescu[1]. La reine Maria de Roumanie elle-même assistera à leur mariage.

À la fin de la guerre, Elisa Leonida reçoit entre autres distinctions la médaille d'honneur du ministère français en Roumanie. Et puis, comme nous nous y attendions, elle retrouve son poste d'assistante à l'Institut géologique, avant d'être promue directrice de plusieurs laboratoires. Sur une photo de ces années, nous la repérons prenant la pose devant l'institut, dans sa robe claire, au milieu de ses collègues masculins en costumes sombres.

Elisa Leonida Zamfirescu est compétente dans son domaine, et elle est passionnée par son travail. Il serait fastidieux d'énumérer ici toutes ses missions de terrain à la recherche de nouvelles ressources (charbon, schiste, gaz naturel, etc.), ses analyses de minéraux, ses études sur les eaux minérales, ses monographies… Elisa est infatigable, dévouée, et elle se sent investie d'une mission : en parallèle de ses activités à l'Institut, elle enseigne la physique et la chimie à l'école de filles mais aussi à l'école d'électriciens et de mécaniciens, elle donne des conférences… Partager sa passion pour la science[2], encourager les jeunes et les aider à s'y former, lui tient à cœur.

Alice Perry et Elisa Leonida Zamfirescu, comme tant d'autres femmes de leur génération, n'étaient pas des prodiges ou des visionnaires. Mais elles ont été intelligentes et volontaires. Et, surtout, elles ont eu le courage de mener leur vie comme elles l'entendaient, ainsi que la générosité d'aider les autres à suivre leur chemin. Ce que font d'habitude les pionnières…

1. Duiliu Zamfirescu (1858-1922) est un écrivain, poète, journaliste, magistrat et diplomate roumain. Il est notamment l'auteur du cycle romanesque *Comăneștenilor*, dont plusieurs romans ont été portés à l'écran dans les années 1970.
2. Elisa Leonida Zamfirescu est la première femme membre de l'Association générale des ingénieurs roumains (AGIR) ; elle fait aussi partie de l'Association internationale des femmes diplômées des universités (*International Association of University Women*).

FLORENCE NIGHTINGALE, LA « DAME À LA LAMPE », PIONNIÈRE DE LA PRÉSENTATION VISUELLE DE L'INFORMATION

(1864-1922)

> *Il n'y a pas un fonctionnaire qui ne me brûlerait pas comme Jeanne d'Arc s'il le pouvait...*

Elle a un nom d'oiseau (*nightingale* signifie « rossignol ») et on l'a surnommée « la dame à la lampe », mais aussi « l'ange vengeur »... de quoi en intriguer plus d'un. En ce qui me concerne, j'avais en tête l'histoire que l'on enseigne aux écoliers en cours d'anglais, celle d'une infirmière gentille et courageuse. C'est pourquoi, avec vous, je pose la question : en quoi a-t-elle pu être pionnière ? Eh bien, en tant que statisticienne et aussi par sa conviction que les soins de santé relèvent des droits de l'homme.

L'histoire de Florence Nightingale ne fera pas pleurer dans les chaumières : elle est née au sein d'une famille aisée, dans le Derbyshire, au nord de Londres. Avec sa sœur Parthenope

– oui, c'est le nom d'une sirène dans la mythologie grecque[1] ! –, Florence a bénéficié d'une instruction solide tant en mathématiques qu'en lettres classiques, au milieu d'un cercle d'aristocrates éclairés, amis de ses parents, qui militaient entre autres pour l'interdiction de la traite des esclaves. Mais ce n'est pas Florence, celle au prénom conventionnel, qui va embrasser les conventions victoriennes, c'est sa sœur, Parthenope...

Florence, elle, ne veut pas « gaspiller son temps à des futilités inutiles » mais cherche une activité dans laquelle s'investir passionnément et durablement. Son choix se porte sur le métier d'infirmière, qui s'impose à elle comme une sorte de destin : faire le travail de Dieu. Elle n'a que seize ans quand elle nourrit ces belles idées, dans la confortable résidence secondaire de sa famille, dans le Hampshire. Cela n'est pas du goût des siens, comme vous pouvez vous en douter : le métier d'infirmière est tout juste bon pour les femmes des classes inférieures, alors que Florence appartient à l'aristocratie.

Mais si nous racontons ici sa vie, c'est justement parce qu'elle a su résister aux pressions en tout genre. Alors, vous ne serez pas étonné d'apprendre qu'elle a suivi, pendant des années, une formation rigoureuse afin de pouvoir pratiquer des soins infirmiers. Elle a ensuite enchaîné les voyages en Europe continentale, et elle a profité, en 1850, d'un séjour en Allemagne pour approfondir sa pratique dans l'école d'infirmières très réputée de Kaiserswerth. Après des stages hospitaliers à Paris, elle accepte le poste de surintendante de l'*Institution for the Care of Sick Gentlewomen* sur Upper Harley Street à Londres. Dans cet hôpital pour gouvernantes et épouses d'officiers ou de pasteurs, Florence n'est pas rémunérée, vivant de la pension que lui verse son père. Autre preuve de son dévouement : pendant

1. En grec, παρθένος – *parthénos* signifie « jeune fille ».

une épidémie de choléra, en 1853, elle ne craint pas de soigner des prostituées.

Et en 1854 survient la guerre de Crimée. Une guerre absurde… mais ne le sont-elles pas toutes ? Cette confrontation violente entre deux parties du monde qui s'épiaient déjà depuis un moment ressemble – avec le recul – à une sorte de guerre froide avant la guerre froide.

Petit rappel des événements et des enjeux : une coalition réunissant l'Empire ottoman, les Britanniques et les Français envahit la péninsule de Crimée, tenue par les Russes, et assiège Sébastopol. D'un côté, les pays de l'Europe occidentale, de l'autre la Russie tsariste. Et au milieu, l'Empire ottoman. Les Russes souhaitaient le voir disloquer et en profiter pour agrandir leur territoire, les Anglais préféraient le maintenir afin d'élargir leur zone d'influence. Et la France dans tout cela ? Eh bien, sa place était… ambiguë : aux yeux des Anglais, la France risquait de perdre son statut de grande puissance en faveur de la Russie – une configuration qu'ils voulaient à tout prix éviter, tout en espérant par ailleurs que les pays de l'Europe centrale (à savoir la Prusse et l'Autriche) se renforcent suffisamment pour contrebalancer l'influence française sur le continent.

Malgré ces jeux de pouvoir, ni la Grande-Bretagne ni la Russie ne souhaitait vraiment la guerre. Paradoxalement, celui qui la voulait le plus était Napoléon III, persuadé qu'elle allait changer l'organisation politique en Europe. Mais il l'imaginait sur le territoire de la Pologne, voire en Italie. D'un autre côté, la France avait obtenu du sultan, en 1852, certains privilèges pour la protection des catholiques en Terre sainte. Le tsar demanda à son tour, en 1853, la protection de tous les chrétiens orthodoxes relevant du sultan. Mais ce dernier refusa et en octobre 1853 déclara la guerre à la Russie. En réponse, le tsar occupa les provinces moldo-valaques et, en novembre, coula la flotte turque en mer Noire. Les grandes puissances occidentales préférèrent alors soutenir l'Empire ottoman, « l'homme malade de l'Europe », afin d'affaiblir la Russie.

Ce fut donc une accumulation d'erreurs et de manœuvres de chacune des parties impliquées qui mena au conflit. Ne nous attardons pas davantage, car nous sommes là pour suivre Florence, qui avait été envoyée par Sidney Herbert, secrétaire d'État à la Guerre, au *Barrack Hospital* de Scutari, à l'extérieur de Constantinople. Des milliers de soldats britanniques blessés y avaient été transportés à bord de navires via la mer Noire dans des conditions sanitaires insalubres. Beaucoup d'entre eux souffraient de gangrène, de dysenterie ou de choléra. Et, vous vous en doutez, Florence contribua au redressement de Scutari : dans sa correspondance, elle répertorie les nombreuses erreurs d'organisation, comme celle d'entasser les malades de choléra dans des salles surpeuplées et non ventilées. Elle soupçonne alors qu'il y a un lien de cause à effet entre la saleté et la maladie. Par la suite, elle concentrera ses efforts en matière de santé publique pour remédier à ces manquements. Florence Nightingale a également fait forer des puits pour approvisionner l'hôpital en eau et elle a fait doubler les huttes avec du feutre pour une meilleure protection des malades contre le froid hivernal. Son attention s'est aussi portée sur leur alimentation en incluant dans leur menu de la viande et du pain frais, qu'elle faisait venir quotidiennement de Constantinople.

Si vous imaginez que tout cela lui a valu la considération des officiers et de l'administration, vous vous trompez grandement. « Il n'y a pas un fonctionnaire qui ne me brûlerait pas comme Jeanne d'Arc s'il le pouvait », note Florence Nightingale depuis la Crimée, « mais ils savent que le War Office ne peut pas me renvoyer parce que le pays est avec moi. » Il lui a donc fallu du courage pour rester deux ans dans la zone de conflit ! Sur une gravure dans l'*Illustrated London News*, on la voit faire sa tournée armée de sa lampe… Au moins, quand elle rentre chez elle en Angleterre en 1856, la voilà presque aussi connue que la reine Victoria !

Or, sa mission est loin d'être terminée. Avec William Farr, statisticien du gouvernement britannique, elle a recueilli des données dans les hôpitaux militaires de Constantinople. Leur analyse a confirmé les hypothèses de Florence Nightingale : d'un côté, le nombre de soldats britanniques morts de maladie pendant la guerre de Crimée était sept fois plus élevé que celui des morts au combat ; de l'autre, lorsque ces hôpitaux ont été récurés et assainis, le nombre de décès a chuté de façon spectaculaire. Et, tenez-vous bien, elle et Farr ont présenté les conclusions de leurs travaux dans *Notes Affecting the Health, Efficiency, and Hospital Administration of the British Army*, publié en 1858, sous forme de diagrammes : des cercles divisés en douze secteurs, un pour chaque mois, pointant sans conteste la relation directe entre l'amélioration de l'hygiène et la chute de la mortalité. Florence Nightingale précise que cette illustration graphique leur a semblé nécessaire pour… « faire comprendre aux yeux ce que nous ne parvenons peut-être pas à transmettre aux cerveaux du public par leurs oreilles à l'épreuve des mots ». À la suite de cela, non seulement tous les hôpitaux de Grande-Bretagne ont vu leurs conditions d'hygiène s'améliorer considérablement, mais en plus le Parlement a voté le financement du premier système complet d'égouts pour la ville de Londres. Ces avancements ont renforcé la confiance de Florence Nightingale dans les statistiques et elle a entrepris d'étudier la proportion de guérisons et de décès dus à diverses maladies, les temps moyens de guérison en fonction de l'âge et du sexe des patients, etc. Sans surprise, en 1858, elle est **la première femme à être nommée membre de la *Royal Statistical Society*.**

Mais pourquoi s'arrêter en si bon chemin ? En 1860, Florence Nightingale fonde **la première école de formation d'infirmières d'Angleterre**, à l'hôpital St Thomas de Londres. Elle écrit également de nombreux ouvrages dans lesquels elle expose ses idées novatrices, dont une que le Comité international de la Croix-Rouge, fondée à Genève en 1863, allait reprendre à son compte : les soldats blessés à la guerre devraient être considérés comme « neutres » et bénéficier, eux et leurs soignants, d'une protection sur le champ de bataille. Enfin, en 1907, pour ses actions réformatrices en faveur du système sanitaire, Florence Nightingale devient **la première femme à être récompensée par le prestigieux Ordre du mérite.**

Si, comme moi, vous vous demandez si cette femme remarquable avait eu aussi une vie privée, eh bien c'est le moment de nous pencher sur la question. Dans sa jeunesse, elle a refusé plusieurs demandes en mariage. Elle fut un temps très attirée par Richard Monckton Milnes, un poète et politicien, et pourtant elle n'a jamais réussi à s'engager, vaincue par ses hésitations. Une famille l'aurait-elle empêchée d'agir comme elle l'a fait ? Certainement. Est-ce donc l'ambition qui l'a emporté sur l'amour, si amour il y avait ? Ou la philanthropie ? Nul ne peut répondre avec exactitude, ni ses adeptes ni ses détracteurs. Par ailleurs, on a reproché à cette femme investie dans ses actions d'avoir été conduite par l'idée universelle de l'humanité plus que par les individus, ce qui est plutôt logique si l'on tient compte de ce que l'on connaît de sa vie.

Ouvrons des portes, ne dressons pas de murs

De nombreuses infirmières ont fait un travail exceptionnel auprès des blessés et des malades pendant la guerre de Crimée. Parmi elles, une infirmière jamaïcaine, **Mary Seacole** (1805-1881), surnommée aussi « la mère Seacole », dont la réputation était aussi grande que celle de Florence Nightingale. Injustement oubliée, elle est redécouverte notamment grâce à son autobiographie, l'une des premières d'une femme métisse : *The Wonderful Adventures of Mrs. Seacole in Many Lands* (« Les Merveilleuses Aventures de Mme Seacole dans de nombreux pays »).

Fille d'un officier écossais et d'une guérisseuse jamaïcaine, Mary Grant (Seacole est son nom de femme mariée) passe ses jeunes années à Kingston, en Jamaïque, où sa mère tient une pension de famille. La jeune fille est volontaire et aime voyager. À l'époque, les femmes ne voyagent pas beaucoup. Mary, elle, va à Cuba, en Haïti et aux Bahamas, ainsi qu'en Amérique centrale et en Grande-Bretagne. Au gré de ses voyages, elle complète ses connaissances de médecine traditionnelle apprises auprès de sa mère par d'autres, puisées dans la médecine conventionnelle européenne.

Lorsque sa demande d'être envoyée comme infirmière militaire en Crimée est refusée, Mary n'hésite pas à s'y rendre par ses propres moyens. Elle y ouvre un *British Hotel* (« hôtel britannique ») à Balaklava, à proximité des champs de bataille. « Hôtel » est un bien grand mot pour désigner cette construction de fortune qui avait pourtant le mérite d'offrir aux soldats la possibilité de se reposer et de s'acheter nourriture et boissons. Et, tenez-vous bien, la courageuse infirmière montait à cheval et arpentait les champs de bataille pour soigner les blessés… des deux côtés de la guerre.

Mary Seacole préparait également des médicaments, ce qui lui a valu récemment une statue à l'hôpital St Thomas de Londres (heureusement, on ne fait pas que démolir des statues, il arrive aussi d'en ériger). Certains des admirateurs de Florence Nightingale s'en indignèrent. Leurs principaux arguments : Mary Seacole traitait la dysenterie avec du plomb et du mercure, mais surtout sa principale activité était de servir mets et vin aux officiers dans son restaurant…

Pour mettre fin à la controverse – ici, sur cette page, puisque dans la réalité, c'est tout autre chose –, rappelons que Florence Nightingale et Mary Seacole s'étaient rencontrées en 1856 à Scutari, sur la route de Balaklava. Les deux femmes en avaient gardé un souvenir agréable, et chacune s'était exprimée sur l'autre en des termes chaleureux. Il paraît même que Florence Nightingale avait contribué à un fonds en faveur de Mary Seacole après la faillite du restaurant de celle-ci, un an après leur rencontre…

POUR ALLER PLUS LOIN

Gilbert Sinoué, La Dame à la lampe. Une vie de Florence Nightingale, Gallimard, 2009.

LES PREMIÈRES FEMMES MÉDECINS

Vers 2700 av. J.-C., en Basse-Égypte, à Saïs, une femme enseignait la médecine : **Peseshet**, « superviseuse des femmes médecins » et « prêtresse directrice des âmes ». Une stèle, à Gizeh, nous apprend qu'elle formait à la fois les médecins et les sages-femmes.

Hyginus[1] racontait dans ses *Fabulae* l'histoire de l'Athénienne **Agnodice** (IIIe siècle av. J.-C.), qui, déguisée en homme, avait étudié la médecine, devenant la première femme gynécologue. La jalousie des hommes a failli la perdre, mais devant le tribunal, elle fut soutenue par toutes ses patientes, qui convainquirent les magistrats non seulement de l'acquitter, mais également de lui permettre de continuer de pratiquer. Et même « de faire estudier les dames du pays »...

1. Caius Iulius Hyginus (67 av. J.-C.-17 apr. J.-C.) est un auteur et grammairien latin. Plusieurs de ses ouvrages ont été perdus, mais il nous reste *Fabulae* (« Fables ») et *De Astronomia*.

ADA LOVELACE, L'« ENCHANTERESSE », PIONNIÈRE DE LA PROGRAMMATION INFORMATIQUE

(1815-1852)

> Une intelligence exceptionnelle
> et une vie romanesque malgré sa brièveté…

Chaque détail lié à Ada Lovelace m'impressionne : seule fille légitime de Lord Byron[1], le poète romantique, et d'Annabella Milbanke, une aristocrate passionnée de mathématiques, elle avait une intelligence exceptionnelle et eut une vie romanesque malgré sa brièveté.

Celle qui a inventé – en 1842 (!), soit un siècle avant l'avènement de l'ère numérique – le concept de logiciel a hérité à la fois

1. George Gordon Byron (1788-1824), connu comme Lord Byron, est un célèbre poète anglais du courant romantique, dont l'influence s'est étendue à toute l'Europe. Par sa vie aventureuse et le retentissement de son œuvre, il a donné naissance au mythe du héros « byronien », rebelle et mélancolique.

de la fantaisie de son père et de l'esprit rigoureux de son érudite de mère. Elle-même observait que « [son] travail mathématique impliqu[ait] une imagination considérable ».

Élevée par sa mère, qui la négligeait nonchalamment tout en lui assurant une instruction brillante auprès des plus grands intellectuels d'alors, Ada montre des capacités mathématiques hors du commun. À dix-sept ans, elle fait la connaissance de Charles Babbage[1], mathématicien de renom et inventeur de la calculatrice mécanique[2]. Je ne peux résister à la tentation de reproduire ici l'appréciation qu'il eut à son égard :

> « Cette enchanteresse des nombres a jeté son sort magique autour de la plus abstraite des sciences et l'a saisie avec une force que peu d'intellects masculins – dans notre pays au moins – auraient pu exercer. »

Ada se passionne pour la machine à différences de Babbage. Toute vie est faite de rencontres, nous ne le savons que trop bien. Celle d'Ada et de Babbage a été déterminante pour l'avenir de l'informatique. Une longue correspondance permit une collaboration exceptionnelle : Babbage travaillait alors à

1. Charles Babbage (1791-1871) est un mathématicien et inventeur de génie anglais, professeur à l'université de Cambridge. Personnalité éclectique, au savoir encyclopédique, Babbage a modernisé les mathématiques anglaises. En plus de son idée de créer une machine pour automatiser les calculs, puis d'une machine analytique, il a aussi été à l'origine des premières tables de mortalité établies pour des compagnies d'assurances, du pare-buffles pour les locomotives, etc.
2. Avant Babbage, Blaise Pascal et G. W. Leibniz ont eu l'idée d'une machine à calculer automatique. Et c'est la *pascaline*, ou « machine d'arithmétique », inventée par Pascal (il avait dix-neuf ans !), qui est aujourd'hui considérée comme la première machine à calculer.

la création d'une machine analytique – comprenez le premier ordinateur moderne – qui impliquait l'utilisation des cartes perforées du métier Jacquard[1], dont la lecture fournissait à la fois les données nécessaires et les instructions pour son fonctionnement.

En 1835, Ada épouse William King, et de cette union naissent trois enfants en quatre ans. William, comte de Lovelace depuis 1838, l'encourage alors à poursuivre ses activités mathématiques, ce qu'elle fera volontiers, d'autant plus que sa situation financière est, grâce à son mariage, excellente. Le soutien de Lovelace est précieux, puisqu'il entre à la *Royal Society*[2], où il recopie les articles dont Ada a besoin (vous l'avez compris, les femmes n'y avaient pas accès). Et puis il y eut les fameuses *notes*...

En 1842, Babbage avait présenté son projet de machine à calculer (*Analytical Engine*) lors d'un séminaire à Turin, en Italie, à la suite duquel le mathématicien italien Luigi Menabrea avait consigné ces idées en... français. Or, Ada Lovelace maîtrisait très bien le français et avait en plus une facilité de plume remarquable. Aussi Charles Wheatstone, physicien et ami, lui demanda-t-il de traduire cet article pour le journal *Scientific Memoirs*. Cela représentait un travail considérable, qui lui prit pas moins de neuf mois. Car Ada ne se contenta pas de traduire le mémoire de Menabrea, elle le compléta de notes personnelles en prenant

1. Joseph Marie Jacquard (1752-1834), français, est l'inventeur du métier à tisser semi-automatique. Ce métier, qui permettait de reproduire un motif grâce à des cartes perforées, avait pour but de simplifier les manœuvres en évitant ainsi aux enfants apprentis les travaux difficiles.
2. La Société royale de Londres pour l'amélioration des connaissances naturelles (*Royal Society of London for the Improvement of Natural Knowledge*) est une société savante fondée en 1660 à Londres, dans le but de promouvoir les sciences. En France, Colbert a créé en 1666 l'Académie des sciences.

le temps de commenter les points essentiels du projet. Babbage s'en enthousiasma et lui demanda de les ajouter à l'analyse de Menabrea. Et c'est ainsi que le travail d'Ada se révéla trois fois plus long que celui qu'elle était censée traduire. Mais, surtout, sa septième note contenait le premier algorithme pouvant être exécuté par une machine. Le programme qu'elle écrivit permettait de calculer les nombres de Bernoulli[1]. Je ne saurais vous dire pourquoi elle avait choisi ce calcul et pas un autre pour le premier programme de l'histoire, mais les spécialistes semblent l'approuver. Visionnaire, elle avait imaginé le calculateur universel qu'Alan Turing[2] réalisera un siècle plus tard.

Cependant, Ada est allée plus loin encore, en inventant un domaine de recherche dont le nom nous est aujourd'hui bien connu : la *cybernétique*. Elle projetait même de construire une « théorie mathématique du système nerveux ». Malheureusement, le cancer l'emporta à seulement trente-six ans, alors qu'elle était ruinée pour avoir tenté de financer – sans succès – la machine analytique.

En hommage à Ada Lovelace, des informaticiens américains ont inventé, dans les années 1980, un langage de programmation informatique qu'ils ont baptisé « ADA ». Plus près de nous, en 2012, le CNRS a nommé deux de ses supercalculateurs « Ada » (Lovelace) et « Turing » (Turing)…

1. Ce sont des nombres rationnels qui interviennent dans les problèmes de dénombrement ou dans les calculs de sommes de puissance… On les retrouve dans de nombreuses formules mathématiques, en théorie des nombres, en analyse, en topologie…
2. Alan Turing (1912-1954) est un scientifique britannique de génie, co-inventeur de l'ordinateur. Ses travaux ont permis de décrypter les codes de la machine Enigma, utilisée par les nazis pendant la Seconde Guerre mondiale. Condamné à la castration chimique en raison de son homosexualité, il s'est suicidé à quarante et un ans.

POUR ALLER PLUS LOIN

Marie Moinard, Christelle Pécout, *Les Découvreuses. 20 destins de femmes pour la science*, 24 G, 2019.

Jean-Paul Soyer, *Ada Lovecraft et la Programmation informatique*, Sorbier, 1998.

Mickaël Launay, *Le Grand Roman des maths : de la préhistoire à nos jours*, Flammarion, 2016.

Yôko Ogawa, *La Formule préférée du professeur*, Actes Sud, 2008.

GRACE HOPPER, OFFICIER DE LA MARINE[1] ET PIONNIÈRE DANS LE LANGAGE DE PROGRAMMATION INFORMATIQUE

Grace Brewster Murray, épouse Hopper, a commencé sa carrière professionnelle comme docteur ès mathématiques à l'Université de Yale. Puis, après le bombardement de Pearl Harbor, pendant la Seconde Guerre mondiale, alors qu'elle a déjà trente-sept ans, Grace décida de s'engager dans la marine américaine. Elle rejoint alors l'équipe de l'Université de Harvard – aux côtés de Howard Aiken[2] – pour travailler sur l'ordinateur électromécanique Harvard Mark I.

Convaincue que les ordinateurs doivent sortir des sphères non scientifiques pour toucher un public plus large, elle se concentre sur le langage de programmation qui n'était alors compréhensible que par les seuls mathématiciens. À partir de 1949, Grace Hopper conçoit les premiers langages évolués, ainsi que le premier compilateur. Puis elle et son équipe développent Flow-Matic, le premier langage de programmation dont les commandes utilisaient des mots anglais. Dans les

1. À sa retraite, en 1986, Grace Hopper quittera la marine avec le grade de contre-amiral.

2. Howard Aiken (1900-1973) est un ingénieur américain, pionnier de l'informatique.

années 1950-1960 sera mis au point COBOL – abréviation de « *common business-oriented language* » –, le langage informatique le plus utilisé au monde dans la décennie suivante.

Mais il y a autre chose à connaître sur Grace Hopper : tout au long de sa carrière d'informaticienne, elle a dirigé un séminaire. L'enseignement lui tenait à cœur. Lorsqu'on lui a décerné la *National Medal of Technology*, elle a avoué ceci : « Si vous me demandez de quelle réalisation je suis le plus fière, la réponse serait : de tous les jeunes que j'ai formés au fil des années ; c'est bien plus important que d'écrire le premier compilateur. » Grace Hopper a toujours espéré que davantage de femmes travaillent dans les métiers de l'informatique. Or, aujourd'hui encore, les femmes sont sous-représentées dans le secteur.

PLAUTILLA BRICCI, LA PREMIÈRE FEMME ARCHITECTE DE L'HISTOIRE MODERNE

(1616-vers 1690)

> Sa renommée en tant qu'architecte est due à la villa Benedetta, une somptueuse résidence de style baroque, située sur la colline du Janicule.

Qu'il y eut dans le cas de Plautilla un milieu familial favorable, on ne peut le nier : son père, Giovanni, était peintre et dessinateur, ami proche de Giuseppe Cesari[1], mais également musicien et écrivain à ses heures. Basilio, le frère cadet de Plautilla, hérita des talents de leur père et devint peintre lui aussi, architecte et compositeur pour luth et viole. Sa mère, Chiara Recupito, était parente avec Ippolita Recupito[2], la célèbre soprano. On peut ainsi légitimement supposer que la jeune Plautilla Bricci a commencé

1. Giuseppe Cesari (1568-1640), dit Cavalier d'Arpin, est un peintre maniériste très en vue à l'époque.
2. Ippolita Recupito (1577-1650), ou Ippolita Marotta après son mariage avec le compositeur de musique de chambre Cesare Marotta, est alors l'une des cantatrices les plus appréciées du moment.

son apprentissage artistique en famille, sans doute précocement… Sa formation ultérieure ne nous est malheureusement pas connue. Parmi le peu d'informations restant, nous savons que Plautilla était membre de l'*Accademia di San Luca*, puisque son nom est mentionné deux fois dans les registres en tant que peintre (en 1655 et 1671). Plus étonnant, elle signe avec son frère les engagements notariaux entre Benedetti et Bricci, ainsi que tous les plans qui s'y attachent : « *Io Plautilla Bricci architettrice ho fatto li sudetti capitoli mano propria.* »

En 1663, l'abbé Elpidio Benedetti s'était fait bâtir sur les pentes du Janicule une merveilleuse et étrange villa[1]. Benedetti est un personnage surprenant. Dévoué au cardinal Jules Mazarin, dont il était le secrétaire, un peu fantaisiste, il s'activait dans diverses activités, toutes liées à l'art et à la politique : dessinateur, collectionneur, épistolier, guide-interprète pour les voyageurs français de passage à Rome… Eh oui, sa vie entière, l'abbé fut attaché à la France, en serviteur fidèle et avisé, et son ambition artistique le poussait à rencontrer des artistes pour mettre en œuvre ses idées. Ainsi en 1640 avait-il connu, entre autres, Bernin, à qui le cardinal de Richelieu venait de commander son célèbre buste[2].

Sa villa Benedetta jouissait d'une situation exceptionnelle à Rome, non loin de la villa Pamphilj, avec une vue imprenable sur la campagne romaine et sur la coupole du Vatican. Son jardin d'agrumes était joliment décoré d'arbustes palissés et de buis taillés, qui lui conféraient un air bucolique des plus agréables. Ses vastes terrasses ensoleillées invitaient à la méditation et à la

1. Malheureusement détruite en 1849, lors des combats entre les Français et les troupes de Garibaldi.
2. Actuellement exposé au musée du Louvre, dans le département des Sculptures, aile Denon.

rêverie. Son commanditaire voulait en faire la résidence de l'Académie de France[1] à Rome, ou du moins une résidence pour les protégés du roi de France. Ce fut d'ailleurs ce dernier que l'abbé désigna par testament comme légataire.

Mais la raison pour laquelle nous évoquons cette villa, dont il ne reste aujourd'hui que quelques romantiques vestiges sur la via di San Pancrazio, c'est qu'elle est l'œuvre d'une femme exceptionnelle. Plautilla, car c'est d'elle qu'il s'agit, était proche de Flavia Benedetti, sœur de l'abbé Elpidio Benedetti. Peintre elle-même (et future religieuse : sœur Maria-Eufrasia della Croce), celle-ci a probablement recommandé Plautilla à son frère. Un an plus tard, en 1664, sur la recommandation de Benedetti cette fois, Plautilla se verra aussi confier la décoration d'une église. Cette deuxième commande était importante, puisqu'il s'agissait de remanier l'ancienne chapelle Saint-André afin d'en faire la paroisse française de Rome sous le patronage de Saint Louis. Parmi les travaux envisagés, il fallait transformer l'éclairage, mettre en place un grand arc de chœur ouvragé, installer un nouveau maître-autel, réaliser une grande peinture d'autel… Les deux projets sont alors menés en parallèle par l'architecte, secondée de Basilio Bricci, son frère.

Pour vous représenter la villa Benedetta, il vous faut aujourd'hui un peu d'imagination : l'entrée évoquait une cavité rocheuse percée d'une voûte souterraine sur le modèle des grottes maniéristes décorées de *spugne*. La quarantaine de baies et de fenêtres de la façade laissaient passer la lumière à l'intérieur. Plautilla avait donné à la villa la forme étrange d'un vaisseau avec mâts et bannières, ce qui lui valut le surnom d'*Il Vascello*. Elle a également participé à la décoration des pièces aux côtés du

1. L'institution avait été créée en 1666. Ce don a été refusé par le premier directeur de l'Académie, Charles Errard.

célèbre Pietro da Cortona[1]. En juin 1665, soit après seize mois de travaux et six supplémentaires pour la décoration, Benedetti a pu s'y installer. Un détail, parmi tant d'extravagances, m'a semblé digne d'attention : dans la salle à manger, les murs étaient entièrement recouverts de portraits en médaillon représentant des « femmes fortes », avec noms et titres en légende, agrémentés d'apothèmes en français, en italien, en latin, en espagnol ou en allemand… Cette galerie des femmes laisse rêveur, avouons-le.

Après les bombardements de 1849, ce qui restait encore debout de l'édifice a été incorporé à la propriété voisine de la famille Pamphili. Les nouveaux propriétaires ont restauré et agrandi la modeste construction. Le bâtiment actuel, de style néo-XVIe siècle, n'a plus rien à voir avec l'œuvre de Plautilla. On repère seulement les « rochers » où semble s'être échouée la coque de ce voilier insolite…

Sa conceptrice a dû travailler ou collaborer à d'autres œuvres par la suite, mais leur trace s'est perdue. Nous ne savons pas non plus ce que fut sa vie privée. Mais sa signature sur d'importantes œuvres d'architecture et de peinture romaines en ce XVIIe siècle a de quoi nous surprendre aujourd'hui. Comment Plautilla a-t-elle pu s'imposer comme artiste dans une société dominée par le pouvoir masculin ?

1. Pietro da Cortona (1596-1669) est un peintre et architecte italien, connu notamment pour ses réalisations décoratives (fresque) dans un style baroque.

BETTISIA GOZZADINI, LA PREMIÈRE FEMME PROFESSEUR

(1209-1261)

> Au XIIIe siècle, une femme enseignait le droit à Bologne...

Une fois n'est pas coutume, Bettisia Gozzadini n'a pas eu besoin de se battre pour sa place dans un monde pourtant dominé par les hommes. Si sa légende est un tant soit peu vraie, ce sont même eux qui l'ont invitée à les rejoindre. Cependant, son époque ne fut pas des plus tendres avec les femmes. Par ailleurs, l'Inquisition, active, se méfiait particulièrement des savants, hommes et femmes confondus… Cela vous étonne? Et comment non?! Écoutez son histoire, qui a de quoi nous déconcerter…

L'université de Bologne, fondée en 1088, est la première institution d'enseignement supérieur en Europe. Parmi les personnalités qui l'ont fréquentée, il y eut Dante Alighieri, Nicolas Copernic, le poète Pétrarque, l'humaniste Érasme de Rotterdam et, plus près de nous, le sémioticien et romancier Umberto Eco.

Si je vous parle de Bologne et de son université, qu'abrite le magnifique palazzo dell'Archiginnasio, vous l'aurez deviné, il y a une raison à cela. En effet, c'est à Bologne qu'est née Bettisia Gozzadini, dans une famille aisée qui, constatant le potentiel intellectuel supérieur de leur fille, accepta que celle-ci préfère étudier plutôt que de « se plier à l'usage de l'aiguille pour coudre[1] » et autres activités dites « féminines ». Il semblerait qu'elle ait donc étudié la philosophie, puis le droit à l'université de Bologne, habillée en homme. Ses professeurs, impressionnés par ses connaissances, et surtout par ses capacités intellectuelles, l'encouragèrent à aller plus loin, si bien qu'elle passa le doctorat de droit en 1236 avec les notes maximales. Par la suite, Bettisia enseigna le droit depuis chez elle, selon l'usage, avant de se voir proposer une chaire à l'université. Ses leçons étaient, semble-t-il, si appréciées que les salles de cours ne pouvaient contenir le public étudiant désireux de l'écouter. Elle a de ce fait donné ses conférences en ville, dans les squares et sur les places publiques. Il faut dire que ses talents d'orateur étaient reconnus par tous, jusqu'aux hommes les plus en vue de son temps : c'est elle qui prononça l'oraison funèbre à la mort d'Enrico della Fratta, évêque de Bologne.

Nous voyons qu'une aura de légende entoure cette femme brillante, dont malheureusement peu de choses nous restent. Serait-ce sa beauté ou simplement le fait d'être une femme qui troublait son auditoire au point de la déterminer à enseigner derrière un rideau ? Que fut sa vie privée ? Sa carrière professionnelle fut-elle réellement aussi lisse que sa légende le laisse entendre, ou bien eut-elle des batailles à livrer, comme nous le soupçonnons ? Sa reconnaissance semble néanmoins acquise : lorsqu'elle perd la vie tragiquement à seulement cinquante-deux ans, emportée par la

1. Cherubino Ghirardacci, *Della Historia di Bologna*, 1596. Cherubino Ghirardacci (1519-1598) est un moine augustin et un historien.

crue du fleuve Idice, en signe de deuil et d'hommage, les cours ont été suspendus toute une journée.

Aujourd'hui, au musée d'Histoire de la ville, on peut admirer une série de douze bustes en terre cuite représentant des femmes illustres de Bologne ayant vécu entre 1200 et 1600. Celui de Bettisia Gozzadini – réalisé par un sculpteur anonyme de Casa Fibbia aux alentours de 1680 – en fait bien sûr partie. Douze femmes pour quatre siècles d'histoire (soit trois femmes par siècle), ce n'est certes pas beaucoup. Mais à l'échelle d'une ville comme Bologne, compte tenu de l'époque, ce n'est *pas si mal*. Et nous gageons que, sans être honorées à la même hauteur et donc sans que leurs noms arrivent jusqu'à nous, d'autres femmes ont pu s'affirmer, voire exercer une activité en rapport avec leurs capacités et leurs talents.

HYPATIE, LA MARTYRE

(vers 360-415)

> Hypatie était aussi l'héritière du savoir grec, et elle incarne ainsi la splendeur intellectuelle de ce monde antique qui nous a tant apporté.

La première femme que j'avais en tête quand j'ai esquissé le contenu de ce livre a été Hypatie, femme de lettres, femme de sciences. Son histoire me touche et me révolte depuis si longtemps !

Dans un premier temps, j'ai erré sur Internet à la recherche de ses portraits, bien que lucide sur l'inutilité de ma démarche. Mais, s'il était évidemment impossible de tomber sur son vrai visage, l'image que les artistes lui ont donnée au fil des siècles ne me semblait pas manquer d'intérêt.

D'emblée, il faut savoir qu'Hypatie a survécu à la *damnatio memoriae* – avec son immolation, on avait voulu effacer définitivement son souvenir. Son assassinat aurait pour principale raison sa notoriété, et c'est celle-ci qui dérangeait plus que tout ses assassins. L'acte abominable eut lieu en 415 de notre ère, un jour de mars, pendant le Carême. Un groupe de moines fanatiques croisa son chemin et l'enleva. En pleine rue. Nous ne disposons pas des détails de ce crime sordide, éloigné de nous par tant de siècles, mais la nature humaine n'ayant malheureusement pas beaucoup évolué en près de deux mille ans, nous pouvons tout à fait imaginer la furie meurtrière, le fanatisme de la meute abrutie, et la lâcheté coupable de ceux qui n'ont pas osé intervenir.

Hypatie a donc été traînée et violentée par ces hommes enragés, son corps découpé en morceaux et brûlé. Cette femme, que l'on a voulu définitivement anéantir, devint ainsi le symbole même de l'acte criminel répréhensible, monstrueux, perpétré par des ignares intolérants envers une femme savante et innocente. Pour les fanatiques, elle était une séductrice odieuse et diabolique. Mais pour les autres, elle est une figure intemporelle ! Presque une légende !

Pourquoi tant de haine envers cette pauvre Hypatie ? Qui était-elle ? Est-ce un malheureux hasard qui l'a placée, ce jour-là, sur le chemin de ses cruels assassins ?

Des recherches plus récentes avancent une autre hypothèse à son meurtre, en le replaçant dans le contexte historique. En cette fin du IVe-début du Ve siècle, la grande rupture de l'Empire romain s'est avérée particulièrement violente à Alexandrie. En 392, l'incendie – par les chrétiens ameutés par le patriarche (évêque) Théophile – du sérapéum, le grand temple hellénique mais aussi important centre culturel abritant une partie de la célèbre bibliothèque d'Alexandrie, fait partie de ces événements violents. Entre la tradition hellénique et le christianisme qui s'impose de plus en plus, la société a du mal à se situer. D'ailleurs, les élèves d'Hypatie (eh oui, elle enseignait) sont souvent chrétiens, et parmi eux certains, comme Synésios de Ptolémaïs[1], deviendront prêtres ou évêques. Hypatie elle-même vit dans cet « entre-deux » culturel et religieux et, selon certaines sources, elle

1. Synésios de Ptolémaïs (373-414) est un évêque (celui de Ptolémaïs), épistolier et philosophe grec néoplatonicien.

aurait eu de bons rapports avec le patriarche Théophile, pourtant connu pour ses méthodes peu scrupuleuses et agressives.

Cyrille, qui a remplacé Théophile, a-t-il été pour quelque chose dans la mort d'Hypathie ? Son intervention n'a pas été, à ce jour, prouvée, mais la disparition d'une personnalité respectée et écoutée comme Hypatie n'avait pas dû lui déplaire.

Après ces considérations, penchons-nous enfin sur la vie d'Hypatie. Ce que nous savons avec certitude, c'est qu'elle vivait à Alexandrie et que son père était Théon, brillant mathématicien et astronome, dernier représentant connu du célèbre Musée. Instruite d'abord par son père, qui voulait en faire « un être humain parfait », elle a parachevé sa formation philosophique à Athènes avant de revenir à Alexandrie pour enseigner les mathématiques et la philosophie à un cercle restreint de disciples, et donner des conférences publiques.

On attribue à Hypatie un certain nombre de commentaires mathématiques sur des textes comme les *Arithmétiques* de Diophante[1] ou les *Sections coniques* (ou *Traité sur les coniques*) d'Apollonios de Perga[2]. Première éditrice, ou en tout cas parmi les premières éditrices, Hypatie a participé – aux côtés de son père – à l'édition des *Canons astronomiques* de Ptolémée[3], le célèbre astronome et mathématicien, précurseur de la géographie, et à celle des *Éléments de géométrie* d'Euclide. Ce dernier ouvrage,

1. Diophante est un mathématicien alexandrin du IIIe siècle. Il nous a laissé cent cinquante-six lettres, dont sept adressées à Hypatie, son professeur, dans lesquelles il l'appelle « Mère », « Sœur » et « Maîtresse ».

2. Apollonios de Perga (ou de Perge) est un géomètre grec de la fin du IIIe-début du IIe siècle av. J.-C.

3. Claude Ptolémée (vers 100-vers 168) est un astronome, mathématicien et géographe grec.

chef-d'œuvre de la science alexandrine, a été pendant des siècles le livre le plus lu après la Bible.

Bien qu'elle fût une mathématicienne remarquable, capable de comprendre et d'expliquer à ses disciples des sujets particulièrement difficiles, Hypatie n'était pas une véritable créatrice dans ce domaine ; du moins ne nous a-t-elle pas laissé une découverte propre (même si les discussions sur cette question ne sont toujours pas tranchées). On la considère de nos jours plutôt comme une brillante pédagogue ainsi qu'une initiatrice d'ouvrages à but pédagogique. Les sources qui nous sont parvenues lui reconnaissent également de réelles compétences en astronomie et des travaux de critique littéraire. On la crédite ainsi d'une invention fort utile, l'astrolabe plan, qui sert à relever la position des astres, et du perfectionnement du planisphère.

Depuis l'époque antique, Hypatie a été « récupérée » par les écrivains, les peintres, les philosophes et autres… Aujourd'hui, son nom nous renvoie aussitôt au crime odieux dont elle a été victime, et au-delà à l'obscurantisme qui a voulu écraser la liberté de pensée, et qui, aujourd'hui encore, continue de l'écraser. Mais Hypatie était aussi l'héritière du savoir grec, elle incarne ainsi la splendeur intellectuelle de ce monde antique qui nous a tant apporté. Qu'on ne l'oublie pas…

Les femmes, les lettres et les arts

Marguerite Yourcenar (1903-1987)

Alice Guy (1873-1968)

Artemisia Gentileschi (1597-1651)

Sofonisba Anguissola (1531 ou 1532-1625)

Maddalena Casulana de Mezari (1544-1590)

Cassia (810-865)

Hildegarde de Bingen (1098-1179)

Christine de Pizan (1364-vers 1430)

Aphra Behn (1640-1689)

Marie Le Jars de Gournay (1565-1645)

MARGUERITE YOURCENAR, LA PREMIÈRE « IMMORTELLE »

(1903-1987)

> Après Marguerite Yourcenar, il ne viendra plus
> à l'idée de personne de distinguer
> une écriture féminine d'une « écriture masculine ».

« Yourcenar » est l'anagramme, forgée avec l'aide de son père, du vrai nom de Marguerite, Crayencour. Pour ne rien vous cacher – pas même la petite particule qui trahit ses origines aristocratiques –, Marguerite de Crayencour est née à Bruxelles en 1903… Fernande de Cartier de Marchienne, sa mère, est belge (elle meurt quatre mois après la naissance de Marguerite) ; Michel Cleenewerck de Crayencour, son père, est français. La petite fille, curieuse et vive d'esprit, sera instruite à domicile par des professeurs particuliers, sans jamais être scolarisée. À partir de 1912, elle vivra à Paris avec son père, où elle mènera une vie de bohème : lectures, musées, théâtre, voyages (Angleterre, Italie…). Atypique parcours, mais combien efficace dans son cas !

Seriez-vous étonné d'apprendre qu'on n'a pas manqué par la suite de confronter, en martelant avec beaucoup de conviction le fil biographique, « Marguerite de Crayencour » et « Marguerite Yourcenar » ? Que la transformation complexe mais réussie (une véritable sublimation !) de la première par la seconde a fini par résoudre le souci, si souci il y eut ? L'aristocratie héréditaire fut donc occultée par l'aristocratie d'esprit. La première, Marguerite l'avait subie (la pauvre, elle ne pouvait faire autrement : tout le monde n'a pas la chance de naître dans le « bon milieu » !) ; la seconde, elle l'avait en revanche obtenue à force de travail…

Certes, tout cela relève un peu du cliché. Et en même temps, reconnaissons-le, ce n'est pas entièrement faux. *A priori*, nous avons tous le pouvoir de nous prendre en main et de nous construire, d'où que nous venions, encore faut-il que nous en soyons conscients. Dans le cas de Marguerite Yourcenar, une solide culture (eh oui, faut-il encore le répéter, les livres et les voyages forment la jeunesse), le talent et la détermination (comprenez un bon dosage de volonté et de travail) ont été des ingrédients magiques. Mais, et vous le savez autant que moi, ce ne sont pas les recettes qui manquent, même si, sans l'étincelle du génie, ces dernières ne servent à rien…

Si je ne fais pas l'impasse sur ces détails de la vie de Marguerite Yourcenar qui peuvent paraître scandaleux aux yeux de certains, c'est que, paradoxalement, ces éléments biographiques « fauteurs de troubles » sont vite annulés par d'autres, ce qui nous fera, comme en mathématiques, un résultat positif à la fin. Et cette « broderie » originale me semble délicieuse à présenter, surtout dans un livre comme celui-ci.

Avant de parler de la façon dont Marguerite Yourcenar a été élue – par des hommes – à siéger à l'Académie française, j'aurais aimé glisser un mot sur son roman le plus connu : *Les Mémoires d'Hadrien*[1]. Y a-t-il une phrase qui donne à ceux d'entre vous qui

1. Dans le roman de Yourcenar, paru en 1951, Hadrien (76-138) – empereur romain ayant régné au IIe siècle de notre ère, de 117 à 138 –, au soir de sa vie, s'adresse au jeune Marc Aurèle, son petit-fils adoptif. Le portrait de l'empereur, extrêmement bien documenté, et la qualité de l'écriture font de ce livre un chef-d'œuvre de la littérature mondiale.

ne l'ont pas encore lu l'envie de le lire ? Puis-je rendre compte en seulement quelques lignes du long chemin de gestation que l'écrivain a parcouru depuis la visite, à vingt-quatre ans, en compagnie de son père, de la Villa d'Hadrien à Tivoli jusqu'au choix du genre des mémoires (car l'empereur esthète avait véritablement écrit les siennes), en passant par un travail documentaire colossal ? Mission impossible, hélas ! Lisez-le donc !

Et revenons maintenant au thème du livre que vous tenez entre les mains : Marguerite Yourcenar la pionnière, à savoir la première femme que l'Académie française a acceptée en son sein. Pour cette romancière, essayiste, traductrice, poète (excusez du peu !), cela pourrait nous sembler simple. Or, ne croyez pas qu'il n'y eut pas de résistances à cette candidature. Bien au contraire ! Et elles avaient toutes pour origine l'appartenance de l'écrivain au sexe féminin. Autrement dit, on ne voulait pas de Marguerite Yourcenar à l'Académie française… parce que c'était une femme.

Pourtant, dans les années 1970, Marguerite Yourcenar, très médiatisée, avait reçu de nombreux prix qui pouvaient appuyer sa candidature à l'Académie française : prix Prince Pierre de Monaco (1972), Grand Prix national des Lettres (1974), Grand Prix de littérature (1977) décerné à l'unanimité par l'Académie… Et des voix d'académiciens (Roger Caillois, Jean d'Ormesson), mais aussi celle du président de la République lui-même (Valéry Giscard d'Estaing), s'élèvent en sa faveur. Las, le combat est loin d'être gagné ! Il ne faut pas oublier qu'en 1910 Marie Curie – candidate aux mérites incontestables à l'Académie des sciences – avait déjà suscité des discussions concernant l'éligibilité des femmes, révélant l'hostilité des membres de l'Académie française. Dans les années 1950-1960, ces débats sur l'inégalité des sexes et sur la place des femmes dans la société gagnent du terrain, et surtout deviennent publics. Les cartes sont rebattues, mais cela reste compliqué. Des adversaires politiques se retrouvent

– sur cette question précise – dans le même camp : ainsi, Pierre Gaxotte, homme de droite, et André Chamson, engagé à gauche, refusent tous les deux la candidate.

De son côté, Marguerite Yourcenar se prête au jeu et accepte les invitations des journalistes (entre autres, Jacques Chancel, Bernard Pivot, Jean Montalbetti) et participe à de nombreuses émissions... Par ailleurs, un des arguments par lesquels Jean d'Ormesson entend défendre sa candidature tourne justement autour de la question féminine (et il faut avouer que cet argument se tient parfaitement) :

> « Le premier mérite de Marguerite Yourcenar est d'avoir détruit le mythe de la littérature féminine... Après Marguerite Yourcenar, il ne viendra plus à l'idée de personne de distinguer une écriture féminine d'une "écriture masculine". »

Ne tournons plus autour du pot et disons-le ouvertement : l'entrée sous la Coupole d'une femme perturbait fortement ; aussi fut-elle reportée plusieurs fois.

Dernière « technique d'évitement » (qui finira par piéger les opposants) : le problème de sa nationalité. Marguerite Yourcenar avait opté en 1947[1] pour la nationalité américaine en renonçant à la nationalité française. Le règlement est donc invoqué. Et cette fois-ci cela semble plié car la difficulté est de taille. Mais ces braves « Immortels » ignoraient une chose : dès qu'une question concerne le politique, elle peut – du jour au lendemain – connaître des rebondissements inattendus. Ce fut le cas

1. En 1939, Marguerite Yourcenar avait rejoint sa compagne Grace Frick aux États-Unis. Lorsqu'elle s'est fait naturaliser, elle a opté pour le nom de « Yourcenar ». Elle a alors vécu sur l'île des Monts Déserts, dans l'État du Maine.

dans « l'affaire Marguerite Yourcenar » : on conseilla à l'écrivain de faire une demande de réintégration de la nationalité française, et le 6 décembre 1979, devant le consul de France à Boston, la déclaration fut enregistrée. L'élection de Marguerite Yourcenar était désormais possible…

Nous l'avons vu, son prestige ne vient ni de son féminisme ni de son homosexualité, mais de son talent littéraire. C'est « précisément parce qu'elle était comparable aux hommes et identifiée comme leur égale[1] » qu'elle a réussi à s'imposer dans les Lettres. Ce qui lui garantit aujourd'hui sa place dans le panthéon littéraire mondial vient ainsi exclusivement de la valeur artistique de son œuvre[2]…

J'avoue avoir pris un immense plaisir à rendre hommage, ici, à un grand écrivain que j'aime beaucoup et depuis longtemps. J'ai découvert tôt les livres de Marguerite Yourcenar, et je suis heureuse que pour moi, après tout ce temps, son œuvre n'ait rien perdu de son aura.

POUR ALLER PLUS LOIN

Marguerite Yourcenar, *Les Mémoires d'Hadrien*, Gallimard, 1977, et *Le Labyrinthe du monde I-III* (Souvenirs pieux ; Archives du Nord ; Quoi ? L'Éternité), Gallimard, 1980, 1990.

1. Delphine Naudier, « L'Irrésistible Élection de Marguerite Yourcenar à l'Académie française », *Cahiers du Genre*, 2004/1, n° 36, p. 41.
2. Il y a quelques années, le département d'anglais de l'université de Pennsylvanie (États-Unis) a remplacé la photo de William Shakespeare par celle de la poétesse américaine noire et lesbienne Audre Lorde. L'ajouter aurait certainement été un plus ; remplacer Shakespeare sûrement pas. Il ne faudrait pas confondre valeur littéraire et biographie.

ALICE GUY, LA PREMIÈRE CINÉASTE DU MONDE

Qui d'autre qu'une femme pouvait avoir l'idée de créer le film de fiction ? Après *La Sortie de l'usine Lumière à Lyon*, en 1895, suivie d'une *Arrivée du train dans la gare de La Ciotat* et de diverses (et surtout très brèves) scènes de famille, il était temps de faire une plus grande place à l'imagination en ouvrant le cinéma vers la fiction. Et ce fut une Française qui s'en chargea ! Il y a de quoi être fier, non ?

Fille d'un Indien mapuche du Chili et d'une Française, Alice a grandi entre la Suisse, le Chili et la France. Sans vous raconter sa vie, ce « détail » vaut sûrement pour beaucoup dans ses choix futurs, et voir du monde a dû nourrir son imaginaire autant que stimuler son inspiration. Alice... au pays des merveilles, je vous dis !

Et c'est à Paris qu'Alice fait la rencontre de Léon Gaumont – eh oui ! la maison Gaumont fut la plus ancienne et parmi les plus novatrices en France dans l'industrie cinématographique –, qui l'engage comme secrétaire. La jeune femme filme des images animées de son goût, et à vingt-trois ans réalise le premier film de fiction au monde : *La Fée aux choux*. Ne nous emballons pas trop ! Ce n'est qu'une courte promenade, d'à peine une minute, qu'une femme fait entre des rangées de choux, d'où elle sort... des petits bébés, bien sûr. Mais quelle innovation pour l'époque !

Dès lors, Alice s'occupera des films de fiction, prenant en charge absolument toute la création, du scénario à la mise en scène, en passant par les décors, les costumes et même le casting. Et elle s'en sort à merveille, alliant sens artistique et compétences techniques. Vous vous en étonnez ? Alice sait certainement faire beaucoup de choses. Mais quand en plus on se passionne pour ce qu'on fait, on ne compte pas les moyens ni le temps passé pour se perfectionner. Ainsi, elle s'est initiée au trucage, a appris à coloriser les images... Bref, elle a tenté toutes les nouveautés.

La Vie du Christ, son premier long-métrage (et le premier péplum de l'histoire du cinéma), sort en 1906. Trente-cinq minutes et trois cents acteurs : que de chemin parcouru depuis ses premiers essais ! La même année, Alice fait voir à ses contemporains *Les Résultats du féminisme*, drôle et plutôt original, dont les sept premières minutes sont renversantes : des hommes qui cousent et poussent de jolis bébés dans des landaus impeccables, tandis que les dames lisent le journal et s'envoient des verres...

Plus tard, Alice embarque pour l'Amérique avec son mari anglais, cameraman de métier. Elle y crée *Solax Film*, une société de fabrication de films, qui connaîtra rapidement un grand succès. La période qui précède la Première Guerre mondiale est particulièrement prolifique : Alice réalise (comprenez encore : elle écrit et produit) plus de trois cent cinquante films !... Mais son mari la quitte pour une jeune actrice, et Alice rentre en France. Si elle s'éloigne du cinéma, elle continue d'écrire des livres et de donner des conférences. Ses mémoires seront publiés quelques années après sa mort (à quatre-vingt-quatorze ans) par sa fille Simone.

POUR ALLER PLUS LOIN

Alice Guy, *Autobiographie d'une pionnière du cinéma (1873-1968)*, Audiobib, 2011.

Emmanuelle Gaume, *Alice Guy, la première cinéaste de l'histoire*, Plon, 2015.

ARTEMISIA GENTILESCHI, LA PREMIÈRE GRANDE PEINTRE RECONNUE DE SON VIVANT

(1597-1651)

Vous me trouvez pitoyable
car avant même de poser les yeux sur son travail,
le nom d'une femme soulève des doutes.

Ces mots, écrits en 1649 par Artemisia Gentileschi à son commanditaire, le cardinal Antonio Ruffo, montrent à quel point elle était consciente de la difficulté que soulevait sa condition féminine dans une société indifférente, voire parfois hostile à l'épanouissement des femmes… « Si j'avais été un homme, je doute fort que les choses aient tourné de cette façon », avait-elle remarqué une autre fois. Comme nous allons le voir, tous les événements importants de sa vie d'artiste mais aussi de sa vie privée ont été en lien avec le fait qu'elle était une femme. Au XVIIᵉ siècle, la dualité féminin/masculin était encore considérée comme l'équivalent de celle qui oppose la chair et l'esprit, la femme étant évidemment identifiée à la chair, l'homme à l'esprit.

Je vous propose donc de retourner en Italie, ce beau pays qui m'est très cher, dans la Ville Éternelle, où Artemisia est née en 1593. Aînée d'une fratrie de six enfants, elle se forme d'abord dans les ateliers de son père, Orazio Gentileschi de Lomi, peintre de l'école caravagesque[1], qui décorait églises et palais. À douze ans, elle se montre habile à moudre les pigments, préparer des toiles ou brosser des fonds, comme tout bon apprenti, mais surtout elle dessine avec un incroyable talent, notamment des portraits. Et elle a bien du mérite puisqu'en plus de l'apprentissage de la peinture Artemisia s'occupe elle-même des tâches ménagères, ayant perdu sa mère deux années auparavant.

Son père l'encourage à poursuivre sa passion, conscient de ses capacités, mais aussi inquiet des ennuis que cette voie pourrait réserver à sa fille. Et, malheureusement, son inquiétude était fondée, comme nous allons le voir. Pour commencer, les Beaux-Arts n'accueillant pas les femmes, Orazio demande à un confrère, Agostino Tassi[2], excellent paysagiste, d'enseigner à sa fille les techniques de la perspective. Hélas, ce dernier en profite pour la violer (Artemisia a alors dix-sept ans). Un long procès (de neuf mois !) s'ensuit, pendant lequel la jeune fille est durement malmenée : entre autres humiliations, elle doit subir un examen gynécologique public. Elle est même soumise à la torture afin d'établir la véracité de ses propos. Eh oui, on se méfiait à l'époque de la dénonciation, c'est pourquoi on faisait subir des souffrances physiques aux dénonciateurs afin de s'assurer qu'ils disaient la vérité. La torture servait donc à démêler le vrai du faux. Dans le cas d'Artemisia, on lui avait encordé les doigts avec des fils métalliques, au risque de lui briser les os (supplice des « *sibilli* »). Sous la douleur, elle criait : « *È vero, è vero, è vero !* » (c'est vrai !). Au-delà de l'iniquité et de l'inhumanité de ce procédé, avez-vous

1. Le père d'Artemisia était un ami du Caravage, mais elle-même n'a pas rencontré l'artiste : celui-ci avait quitté Rome lorsqu'elle avait treize ans. Il est mort quatre ans plus tard.
2. Agostino Tassi, pseudonyme d'Agostino Buonamici, est un peintre italien maniériste.

pensé aussi à ce que cela aurait pu comporter d'invalidant pour un peintre ? Mais Artemisia a tenu bon, et elle n'abandonnera pas la peinture. Son violeur, lui, est finalement condamné à… cinq ans d'exil – mais il semblerait qu'il n'ait pas purgé sa peine, ayant bénéficié de puissants protecteurs.

Dans l'année qui a suivi ces douloureux événements, Artemisia a peint le premier de ses chefs-d'œuvre : *Judith décapitant Holopherne*. La cruauté du sujet mis en scène a souvent été interprétée comme une réaction naturelle à ce qu'elle venait de subir. Mais d'autres circonstances ou faits divers retentissants (voir l'encadré) auraient pu aussi l'influencer.

Béatrice Cenci, Judith… des histoires de décapitation

L'histoire de Béatrice Cenci, fille d'un très riche aristocrate romain, a bouleversé les Romains à l'époque d'Artemisia, et a inspiré par la suite les artistes et les écrivains. Nul parmi les contemporains n'ignorait l'immoralité de Francesco Cenci, le père de Béatrice. Dans son château retiré, caché du monde, il avait séquestré sa fille, la violait et la brutalisait sans état d'âme, elle et les autres membres de sa famille. Ceux-ci s'associèrent et aidèrent Béatrice à organiser l'assassinat de son père. Un procès eut lieu, et les coupables furent condamnés à la mort par décapitation… mais on prit le temps de les torturer avant.

Artemisia avait alors six ans et elle vivait à Rome. Elle aurait pu se trouver parmi la foule qui battait le pavé ce 11 septembre 1599[1], jour de l'exécution de Béatrice Cenci[2].

1. Le célèbre tableau du Caravage *Judith et Holopherne* est lui aussi daté de 1599, l'année même de la mort de Béatrice Cenci.
2. Béatrice Cenci (1577-1599) a été surnommée « la belle parricide ». Depuis sa mort, tous les ans, une messe est célébrée à Rome en sa mémoire.

Quant à l'histoire de Judith, nous la connaissons tous : celle d'une veuve pieuse qui décida de sauver sa ville assiégée par Holopherne, le puissant général de Nabuchodonosor, roi de Ninive. Et comment s'y prit-elle ? Elle sortit de la ville, accompagnée de sa servante, pour rejoindre le camp ennemi : jeune et belle, elle n'eut aucun mal à séduire Holopherne. Lors d'un banquet, elle le fit boire jusqu'à ce qu'il s'endorme, puis elle lui coupa la tête. Malgré son acte criminel, Judith, dans les nombreuses œuvres qu'elle a inspirées durant tout le Moyen Âge et à la Renaissance, représente le Bien. Non pas par ce qu'elle a fait (et qui est évidemment répréhensible), mais par ce qu'elle symbolise, à savoir une prise de position courageuse.

L'art ayant des vertus cathartiques, nous pourrions croire qu'Artemisia allait s'apaiser au fil du temps. Cela aurait peut-être été le cas si sa vie personnelle s'était rassérénée. Or le combat d'Artemisia se poursuivit. Peu après la fin du procès et pour mettre un terme au désordre qu'il avait créé, elle se maria et déménagea à Florence. Son mari, Pier Antonio di Vincenzo Stiattesi, était un assistant de son père, un peintre médiocre, à la personnalité effacée. Malheureusement pour elle, ce n'était pas un mariage d'amour, bien au contraire : au procès, Pier Antonio avait témoigné contre elle ! Mais, exerçant le même métier qu'elle, ce mari insignifiant était quand même une aubaine : c'est lui qui la représenterait juridiquement et qui lui servirait d'agent… Comment sinon aurait-elle pu acheter ses toiles et ses pinceaux ? Comment aurait-elle signé ses contrats ? Eh oui, n'oublions pas que la liberté d'action d'une femme était alors fortement entravée !

À Florence, le succès ne se fait pas attendre. On admire son souci du détail et sa grande maîtrise dans le rendu de la matière (étoffes, broderies, bijoux, etc.). Son père, qui connaît son talent et qui a ses entrées à la cour des Médicis, la recommande à Christine de Lorraine[1], grande-duchesse de Toscane. Artemisia reçoit donc des commandes. En outre, les deux femmes sympathisent.

Et c'est à Florence qu'Artemisia connaît finalement l'amour, après ses quatre grossesses (elle a eu de son mari deux filles et deux garçons, dont seule une fille survivra). Sa beauté séduit toujours. L'heureux amant est un noble florentin, Francesco Maria Maringhi[2]. C'est lui qui la met en relation avec l'écrivain Michelangelo Buonarroti le Jeune, le neveu du peintre, et avec le savant Galilée ; lui aussi qui lui facilite l'entrée à l'*Accademia del Disegno* (l'Académie de dessin), un privilège dont aucune femme avant Artemisia n'avait pu se prévaloir… Elle est donc bien installée et compte parmi ses amis de grands artistes tels Simon Vouet[3] et Massimo Stanzione[4].

Devenue l'égale des peintres les plus fameux de sa génération, Artemisia s'amuse à se représenter elle-même dans nombre de ses toiles : ici sous les traits de sainte Catherine, là sous ceux de Marie Madeleine, plus loin en allégorie de la peinture… À ce propos, voici une possible interprétation des goûts d'Artemisia en

1. La grande-duchesse Christine de Lorraine (1565-1637) est la petite-fille de Catherine de Médicis et la mère du grand-duc Cosme II de Médicis (1590-1621).

2. Francesco Maria Maringhi (1593-1653) est le riche héritier d'une famille florentine noble.

3. Simon Vouet (1590-1649) est un peintre français, contemporain de Nicolas Poussin, connu pour ses grands décors mythologiques.

4. Massimo Stanzione (1585-1658) est un peintre italien parmi les plus importants de sa génération, dont l'œuvre compte de nombreuses fresques. Il a subi les influences du Caravage, de Carrache, de Guido Reni, d'Artemisia Gentileschi…

matière de personnages féminins : pour se démarquer du protestantisme, la religion catholique avait choisi de mettre en valeur le culte de la Vierge et des saints et saintes de l'histoire de la chrétienté. La représentation artistique des femmes qui entouraient le Christ, mais également des martyres innocentes (comme Agathe, à qui on a coupé les seins, ou Lucie, à qui on a arraché les yeux…), était donc vivement encouragée, ce qui explique en quelque sorte leur place dans l'iconographie de cette période. Or Artemisia semble préférer à ces femmes suppliciées, soumises à la torture, des femmes héroïques, fortes : Judith, Esther… ou bien des rêveuses comme Marie Madeleine ou Lucrèce. Ce refus de représenter la femme persécutée, la femme victime, lui venait probablement à la fois de son caractère fort et de son expérience de vie. Elle-même a toujours affronté avec courage les épreuves, souvent injustes, refusant d'être une victime.

Tombée dans l'oubli entre le XVIIIe et le XIXe siècle, puis redécouverte à l'instar du Caravage, Artemisia commence à peine à sortir de la pénombre… Au-delà de son œuvre artistique exceptionnelle, elle me semble aussi admirable par sa qualité humaine et par son attitude héroïque au quotidien.

POUR ALLER PLUS LOIN

Artemisia Gentileschi, *Carteggio/Correspondance*, Les Belles Lettres, 2016.

Alexandra Lapierre, *Artemisia Gentileschi : « Ce qu'une femme sait faire ! »*, Gallimard, 2012.

Roberto Contini, Francesco Solinas, *Artemisia 1593-1654*, Gallimard, 2012.

SOFONISBA ANGUISSOLA, UNE FEMME PEINTRE À LA RENAISSANCE

Nous venons de voir comment, au XVIIe siècle, Artemisia Gentileschi est parvenue à s'imposer comme un peintre de génie dans une société qui ne lui était guère favorable. Mais avant elle déjà, d'autres femmes talentueuses, au caractère bien trempé, se sont démenées pour s'imposer dans un monde qui ne voulait pas d'elles. Ces femmes remarquables[1] ont ouvert la voie à toutes les autres, elles *nous* ont ouvert la voie. Parmi elles, toujours dans l'espace italien, l'artiste peintre Virginia Vezzi[2], mais aussi cette autre femme peintre, au destin exceptionnel, dont j'aimerais vous parler : Sofonisba Anguissola (1531 ou 1532-1625). Son mérite me semble d'autant plus considérable qu'elle n'avait pas grandi dans un atelier parmi les artistes, ni son père ni son frère cadet ne pratiquant la peinture.

Issue de la petite noblesse de Crémone, Sofonisba – comme d'ailleurs ses six sœurs – a reçu une éducation soignée, à l'instar de celle qu'on réservait aux garçons. Entre autres, elle a été initiée à la musique, aux lettres, au dessin… Sensible au talent de sa fille, Amilcare Anguissola, son père, l'envoie se perfectionner chez le peintre Bernardino Campi[3]. La Pinacothèque de Sienne abrite un tableau d'elle datant de cette période (1552) et dont le sujet me semble très original : un portrait de son maître en train de terminer son portrait à elle. Cette toile réunit donc un portrait (celui de Bernardino Campi) et un autoportrait (celui de Sofonisba Anguissola par elle-même), une composition singulière comme expression de

1. Dans le domaine littéraire, j'aimerais nommer deux poétesses pionnières : **Veronica Gambara** (1485-1550), femme de lettres et femme d'État dans la province italienne de Correggio, et **Laura Battiferri** (1523-1589), qui, en 1560, a publié un recueil de poèmes : *Le Premier Livre des œuvres toscanes*, dans l'esprit du poète florentin Pétrarque (1304-1374).
2. Virginia Vezzi ou Virginia da Vezzo (1601-1638) est la femme de Simon Vouet, premier peintre du roi, et elle-même peintre. Le cardinal de Richelieu et Marie de Médicis l'appréciaient beaucoup.
3. Bernardino Campi (1552-1591) est un peintre maniériste.

la reconnaissance d'une disciple envers celui qui lui a permis d'accomplir sa passion.

À Rome, la jeune peintre rencontre Michel-Ange : lorsqu'elle lui montre un dessin représentant une fille qui rit, celui-ci, décelant son talent, lui propose de croquer un garçon qui pleure. Ce sera *Asdrubale mordu par une écrevisse*.

Il faut noter que Sofonisba se représente souvent dans cette période de jeunesse, ce qui est original pour l'époque. Ces autoportraits sont aujourd'hui éparpillés de par le monde : en Angleterre, en Espagne, en Italie… Mais vous pouvez en admirer un au musée Condé à Chantilly, dans lequel la jeune artiste est vêtue sobrement d'une fraise de dentelle et coiffée de perles et de pierres précieuses.

Après son mariage, Sofonisba préférera peindre d'autres personnes, et elle ne reviendra à l'autoportrait qu'à la fin de sa longue vie, par deux fois : à quatre-vingts ans et à (presque) quatre-vingt-dix ans. Au total, elle aura réalisé quatorze autoportraits : de la petite fille insouciante à la jeune fille pleine de sagesse puis à la dame d'honneur, et jusqu'à la très vieille dame, ridée, acceptant son grand âge avec dignité…

Alors qu'elle était déjà âgée, sa notoriété lui a valu, entre autres honneurs, la visite de nombreux artistes, dont celle du peintre flamand Antoon Van Dyck. C'était à son tour de prodiguer des conseils aux jeunes !

MADDALENA CASULANA DE MEZARI, LA PREMIÈRE COMPOSITRICE PUBLIÉE

(1544-1590)

> « *Je veux montrer au monde, autant que je le peux en tant que musicienne, l'erreur que font les hommes en croyant qu'eux seuls possèdent les dons intellectuels et artistiques, et que ces dons ne sont jamais donnés aux femmes.*

Restons en Italie – patrie des arts et de la beauté ! – pour un air de madrigal… une forme de musique vocale qui s'était développée à la Renaissance et à la période baroque, et dont la patrie de Dante revendique la paternité. Originaires de Padoue, dans les années 1335, les premiers madrigaux étaient une poésie profane aux sujets variés – bucoliques, politiques, amoureux, etc. On en trouve, par exemple, chez Pétrarque, l'auteur du *Canzoniere*[1], humaniste et homme de lettres majeur au même titre que Dante ou Boccace. D'ailleurs, un nouveau genre de madrigal était né de la poésie pétrarquiste, plus savante et plus recherchée. Comme

1. Le *Canzoniere* – œuvre principale de Pétrarque – est un recueil de poèmes lyriques (dont beaucoup de sonnets) dédiés à Laure de Sade, sa muse inspiratrice. C'est à Avignon que le poète italien aperçoit la belle Laure…

souvent, de l'Italie, le madrigal s'exporte vers l'Europe entière, notamment en Allemagne et en Angleterre.

Venons-en maintenant aux musiciennes. Vous avez sans doute remarqué en parcourant rapidement le sommaire que les femmes pionnières italiennes sont bien représentées dans d'autres domaines : certes, mes goûts y sont pour quelque chose, mais force est de reconnaître qu'on y a l'embarras du choix, l'Italie ayant été depuis toujours un vivier de talents. La culture y a constamment été prise au sérieux, et ce n'est pas un hasard si la Renaissance a été italienne. Alors, évoquer Maddalena Casulana – chanteuse, luthiste et compositrice renommée –, qui donnait des concerts à Florence, Vérone et Vienne, ne vous étonnera qu'à moitié.

J'aimerais pouvoir vous donner des détails sur la vie de cette artiste née près de Sienne, qui – je suis prête à le parier – n'a pas dû être ennuyeuse… Mais on en sait si peu ! À la fois fière et confiante en ses capacités, Maddalena avait su gagner l'estime de ses contemporains, et sa renommée fut telle que le chanteur Roland de Lassus[1] choisit de diriger une de ses pièces (*Nil mage incundum*) à l'occasion du mariage de Guillaume V de Bavière avec Renée de Lorraine, qui a eu lieu à Munich en 1568.

Maddalena Casulana a notamment composé des madrigaux à quatre ou cinq voix. Elle est restée dans l'histoire comme **la première musicienne à avoir publié ses œuvres**, en plus de donner des cours de chant et des concerts, à l'instar de tout maestro qui se respecte. Ainsi, en 1566, elle avait fait éditer à Venise, chez Girolamo Scotto, son premier recueil de madrigaux – *Il Primo libro di madrigal* –, suivi de deux autres quelques

1. Roland de Lassus (1532-1594) est un chanteur et compositeur reconnu, surnommé « l'Orphée belge ». Il fera sa carrière en Allemagne, à Munich, en tant que *Kapellmeister*.

années plus tard. Maddalena avait dédié l'un de ces madrigaux à Isabelle de Médicis, mécène et elle-même musicienne (quand je vous disais qu'en chaque Italien/Italienne sommeille un/une artiste) :

> « Je veux montrer au monde, autant que je le peux en tant que musicienne, l'erreur que font les hommes en croyant qu'eux seuls possèdent les dons intellectuels et artistiques, et que ces dons ne sont jamais donnés aux femmes. »

Les connaisseurs affirment que Maddalena Casulana maîtrisait la dissonance, entre autres techniques, et ils relevaient une certaine originalité dans ses mélodies. Quant aux textes qu'elle mettait en musique – quand ce n'étaient pas les siens propres –, il s'agissait de poèmes de Pétrarque, Giulio Strozzi et autres poètes italiens en vogue à la Renaissance.

Après Maddalena Casulana, d'autres femmes ont pratiqué la musique à un haut niveau et développé leurs talents musicaux ; ainsi, **Barbara Strozzi**[1] et **Francesca Caccini**[2]. Cette dernière est d'ailleurs considérée comme la première femme ayant composé des opéras. Mais avant Maddalena, ayons une pensée pour la compositrice byzantine **Cassia** ou **Kassia** (IXe siècle) – première compositrice d'Occident (elle était pourtant nonne orthodoxe !) – et, en Europe centrale, pour l'abbesse bénédictine **Hildegarde de Bingen** (1098-1179), dont la réputation n'est plus à faire (voir les encadrés).

1. Barbara Strozzi (1619-1677) est une cantatrice et compositrice italienne.
2. Francesca Caccini (1587-1641 ?) est une cantatrice, claveciniste, luthiste, guitariste et compositrice italienne. Elle était la fille du compositeur Giulio Caccini.

CASSIA, L'HYMNOGRAPHE PIONNIÈRE DE CONSTANTINOPLE

Pour écrire le texte et la musique d'une hymne destinée à la liturgie orthodoxe, au IXe siècle, il ne suffisait pas de maîtriser la lecture et l'écriture. Entre autres, il fallait au minimum des compétences dans la métrique et la rhétorique, sans compter – dans le cas de Cassia (selon les sources, Kassia ou Cassienne) – les connaissances théologiques et la compétence en grec. Les musicologues et les théologiens s'accordent pour reconnaître en Cassia une poétesse et compositrice exceptionnelle. On lui attribue une cinquantaine de chants liturgiques, dont l'hymne *Seigneur la femme qui était tombée en une multitude de péchés*, chantée pendant la Semaine sainte.

Mais avant d'aller plus loin, permettez-moi – puisque l'époque de Cassia est si éloignée de la nôtre – deux remarques. La première concerne la culture intellectuelle (et donc l'éducation[1]), qui était l'idéal de tout Byzantin, et dont l'absence était perçue comme un malheur. La seconde vise l'instruction des filles. Parmi les femmes savantes – qui ne manquaient pas à Byzance (vous pouvez d'ailleurs en trouver certaines entre les pages du livre que vous tenez entre les mains) –, mentionnons les plus célèbres : **Hypathie** (370-415), mathématicienne et philosophe ; **Athénaïs-Eudoxia** (394-460), la femme de l'empereur Théodose II, poétesse et érudite ; **Anne Comnène** (1083-1148), grande historienne et fille de l'empereur Alexis Ier ; **Théosébie**, épigrammatiste, sœur de Zosimus de Thèbes... Cependant, les jeunes filles n'allaient pas à l'école. Celles issues des classes aisées recevaient la

1. Les écoles publiques de l'Antiquité avaient continué leur activité à Byzance. La première éducation venait des parents, qui préparaient leur progéniture à ses futures études, en l'habituant à bien prononcer les mots, en lui inculquant les valeurs morales et en développant sa mémoire. Ensuite, à l'école primaire, les enfants apprenaient à lire, écrire et calculer. Ces connaissances de base étaient complétées par des notions de chant (la plupart chantaient dans les églises) et d'histoire (histoire profane et histoire sainte). Dans les milieux aisés, l'instruction allait plus loin, incluant la rhétorique et la philosophie.

même instruction que les garçons, mais à la maison ou dans des couvents. Pour les autres, on se contentait de leur enseigner la lecture et l'écriture.

Revenons maintenant à Cassia... Sa famille était aisée, comme vous l'avez deviné, et son éducation des plus complètes. Une anecdote qui se retrouve chez tous ses biographes nous la présente sous un jour sympathique : elle aurait été candidate à la sélection de la future épouse de l'empereur Théophile (813-843). Celui-ci, la remarquant, la défie : « De la femme est venu le pire », faisant ainsi allusion à Ève et au péché originel. Cassia, ne perdant pas son sang-froid, lui rétorque aussitôt : « De la femme est venu le meilleur. » Sa référence était, bien sûr, la Vierge qui avait enfanté le Christ. Serait-ce l'« impertinence » de Cassia qui lui a fait perdre le trône et prendre le voile ? Nous ne le saurons jamais. Mais elle passa sa vie dans un couvent à composer des épigrammes profanes et des chants liturgiques.

La plus connue des hymnes composées par la nonne érudite de Constantinople est le *troparion* « Pour la prostituée ». Les *troparia* sont de courtes hymnes métriques ayant une mélodie propre. On les désigne aussi par le terme de *sticheron* (au pluriel, *stichera*). Les thèmes que Cassia privilégie sont souvent liés à des saintes : Thècle, Pélagie, Barbe, Eudocia, Marie d'Égypte... L'hymne qui nous intéresse ici se réfère à un épisode de l'Évangile selon saint Luc 7, 36-50, sur la femme pécheresse qui, entrant dans la maison d'un pharisien où Jésus avait été invité, se jette aux pieds de celui-ci, les baigne par ses larmes, les essuie avec ses cheveux et y répand du parfum. Cassia a une approche originale du contenu. D'abord, elle parle de « femme pécheresse » ou de « la femme qui a commis tant de péchés », voire de « celle qui porte la myrrhe » (la myrrhe était l'attribut des saintes), mais jamais de « prostituée ». Ensuite, elle lui donne la parole, ce qui est osé et exceptionnel, puisque la femme ne parle pas dans la Bible. Elle relie le premier péché (Adam et Ève ayant goûté au fruit défendu) et l'acte de pénitence (Ève fuyant le bruit des pieds de Dieu, alors que la femme pécheresse accourt aux pieds de Jésus). La femme devient ainsi celle qui, s'approchant du Christ, porte un message d'espérance. Chapeau, Cassia!

POUR ALLER PLUS LOIN

Jacques Chailley, *Histoire musicale du Moyen Âge*, Presses universitaires de France, 1984.

HILDEGARDE DE BINGEN[1], COMPOSITRICE PIONNIÈRE ET ÉCOLOGUE[2] AVANT LA LETTRE

Si nous n'ignorons pas son nom, c'est grâce à sa « médecine naturelle » basée sur la connaissance de la nature et, sans méconnaître son encyclopédisme, nous sommes moins au courant de ses talents de musicienne. Cependant, selon la croyance médiévale dans la totalité de la Création, chez Hildegarde, « visions spirituelles », médecine et chant sacré ne font qu'un unique don de Dieu.

Issue d'une famille aristocratique de la Hesse rhénane, dont elle était la dixième enfant, Hildegarde s'est illustrée à la fois comme compositrice et comme femme de lettres franconienne[3]. Très mystique (elle a des visions dès l'âge de

1. Le pape Benoît XVI l'a reconnue comme docteur de l'Église (c'est la quatrième femme faite docteur de l'Église). Hildegarde a été canonisée en 2012.
2. J'ai préféré le terme « écologue » à celui d'« écologiste », ce dernier étant devenu une notion fourre-tout, et surtout très politisé. L'écologie nous concerne tous et sa récupération par un seul parti ou par des militants se réclamant de l'écologie politique me semble regrettable autant qu'abusive.
3. La Franconie est une région du centre-sud de l'Allemagne, actuellement annexée à la Bavière.

cinq ans), elle devient à trente-huit ans abbesse de l'abbaye de Disibodenberg, entre Mayence et Trèves.

La figure d'Hildegarde est fascinante, et je ne pouvais laisser passer l'occasion de vous en parler. Pensez-y seulement : cette femme frêle, au caractère bien trempé, a échangé des lettres avec les grands de son temps (entre autres, Frédéric Ier Barberousse, empereur du Saint Empire romain germanique, Henri II d'Angleterre et sa femme Aliénor d'Aquitaine, le pape Eugène III, Bernard de Clairvaux...), s'adressant à eux sans ambages, avec une audace qui force notre admiration, et défendant avec conviction les causes qui lui tenaient à cœur. Certains historiens voient d'ailleurs en elle la conscience spirituelle de son temps. Une exégète rendait compte de son exceptionnel polymorphisme[1] et de sa vie hors normes (mystique visionnaire, poétesse, mélomane, voyageuse, botaniste, guérisseuse, peintre...), et s'interrogeait avec humour : « Hildegarde, nonne à tout faire ? »

Parallèlement à ses œuvres littéraires (*Scivias*[2]...) et scientifiques (*Physica* ; *Causae et Curae*[3]), Hildegarde a donc écrit des chants liturgiques et des hymnes pour les offices (plus de soixante-quinze[4] !). Voyant dans la musique un moyen de guérir l'âme, elle a composé et imaginé la mise en avant de sa musique, à une époque où certains monastères préféraient le silence. La talentueuse abbesse nous a même laissé un drame liturgique, *Ordo Virtutum*. Ses partitions sont aujourd'hui interprétées de différentes manières puisque la notation musicale était sommaire au Moyen Âge, sans indication de tempo ou de dynamique. Depuis les années 1970, et même plus récemment, après sa canonisation, il arrive toujours que son œuvre trouve

1. Qui se présente sous des formes diverses, qui a des apparences variées.
2. *Scivias* est un recueil en trois parties qui mêlent visions et chants.
3. *Les Causes et les Remèdes.*
4. Ses compositions musicales sont réunies dans la *Symphonia harmoniae caelestium revelationum* ou *Carmina*.

sa place dans le programme des festivals de musique classique ou de musique médiévale.

Hildegarde a également été **une pionnière en écologie**. La nature – dont elle a n'a eu de cesse de célébrer la beauté, en en montrant à la fois la richesse et la fragilité – est au cœur de sa réflexion et elle y puise son inspiration. Lorsque l'agriculteur sème les graines, il les confie aux forces de croissance de la nature : il taille, soigne et veille à ce qu'elles prospèrent. Ni brutalité ni excès donc, mais douceur et bienveillance. Une conception de l'homme et de la société qui, loin de menacer la nature, revendique sur elle une ouverture respectueuse.

Naturopathe avant l'heure, visionnaire, la moniale s'était beaucoup intéressée à l'usage médicinal et alimentaire des plantes aromatiques tout en soulignant l'indispensable solidarité du chrétien avec le vivant, son devoir de respecter et de protéger le reste de la Création.

Comme évoqué plus haut, on doit à Hildegarde de Bingen deux ouvrages complémentaires : *Causae et Curae* et *Liber simplicis medicinae*, plus connu sous le nom de *Physica*. Ce dernier se situe à mi-chemin entre l'encyclopédie et le recueil de diagnostics de santé. Ensemble, les deux ouvrages composent un traité de sciences naturelles : *Liber subtilitatum diversarum naturarum creaturarum*, c'est-à-dire « Livre des ressemblances des différentes natures des créatures ».

Nous l'avons vu, Hildegarde était à l'aise dans plusieurs arts (la littérature, la musique, la peinture) et sciences (la nature, l'alchimie, l'astronomie). Ce type de personnalité continue de nous fasciner aujourd'hui, signe que tout n'est pas encore perdu, que l'humanisme continue de briller à l'horizon…

POUR ALLER PLUS LOIN

Hildegarde de Bingen, *Le Livre des œuvres divines*, Albin Michel, 1989.

Pascale d'Erm, *Sœurs en écologie : des femmes, de la nature et du réenchantement du monde*, Eyrolles, 2017.

Patrice de Plunkett, *L'Écologie de la Bible à nos jours. Pour en finir avec les idées reçues*, Éditions de l'Œuvre, 2008.

CHRISTINE DE PIZAN, LA PREMIÈRE FEMME DE LETTRES À AVOIR VÉCU DE SA PLUME

(1364-vers 1430)

> Par sa plume, elle a réussi à subvenir aux besoins de sa famille.

La première femme écrivaine fut donc une Italienne devenue française ! Née à Venise, Christine de Pizan émigra en France avec sa famille, puisque son père était devenu l'astrologue du roi de France, Charles V[1]. Elle reçut une excellente éducation, sous

1. Charles V le Sage (1338-1380) a régné de 1364 à 1380, en pleine guerre de Cent Ans. Ce fut un excellent roi pour le royaume de France : il a réussi à récupérer la plupart des terres, en chassant les Anglais, et a fait revenir la prospérité dans le pays. Guère militaire, ce roi cultivé et généreux a mené une politique culturelle éclairée en encourageant la traduction des œuvres anciennes et modernes, tant scientifiques qu'historiques. Entre autres belles initiatives, il a fait reconstruire le Louvre et y a inauguré la première Librairie royale. Véritable bibliophile, Charles V possédait environ mille cent manuscrits, majoritairement français, qu'il mettait généreusement à la disposition de ses conseillers. Christine de Pizan y avait d'ailleurs accès.

la surveillance de son père[1], mais se maria jeune avec Étienne de Castel, officier du roi puis secrétaire de la chancellerie, humaniste passionné par les lettres et les sciences. Leur mariage fut une période heureuse dans la vie de Christine, qui éprouvait de l'amour et de l'admiration pour son mari. Mais le ciel s'assombrit vite : d'abord, Charles V, le roi humaniste, meurt, ce qui fragilise la position de la famille à la cour, et le nouveau roi n'a que douze ans ; ensuite, le père de Christine, qu'elle adore, disparaît lui aussi ; comble de malchance, à peine quatre ans plus tard, son mari est emporté par une épidémie, à Beauvais, en 1389.

Veuve à vingt-cinq ans, avec trois enfants à charge, en plus de sa mère et de sa tante, Christine fait le choix de ne plus se remarier. Pendant ces années de deuil et de détresse, la lecture lui apporte de la consolation à son chagrin et de l'apaisement. Elle mène aussi une longue bataille juridique contre les créanciers de son mari : dans *Mutations de Fortune*, elle raconte ses malheurs et son combat pour récupérer ses biens. Les premières années, elle subsiste grâce à des travaux de rédaction, principalement des textes juridiques de la chancellerie royale, à laquelle elle avait été initiée par son mari. C'est ainsi qu'elle revient peu à peu à ce qu'elle a toujours aimé : les livres, qu'elle ne se contente plus de lire mais qu'elle va désormais aussi écrire.

Des poèmes, des textes politiques, philosophiques et religieux, une autobiographie, une apologie du sexe féminin, une participation active à la Querelle du *Roman de la Rose*, un traité de l'art militaire… l'étendue du savoir de Christine de Pizan, la

1. Thomas de Pizan était adepte de l'éducation intellectuelle des filles. Avant de venir en France, il avait enseigné l'astronomie et l'astrologie à l'université de Bologne. Ses connaissances allaient des mathématiques à la philosophie, en passant par la médecine.

curiosité intellectuelle et la profondeur de sa réflexion profondément humaniste sont impressionnantes.

Christine de Pizan s'est donc opposée à la misogynie du *Roman de la Rose* de Jean de Meung[1]. Ce best-seller médiéval avait suscité la première querelle littéraire française entre deux camps : dans l'un, Christine de Pizan et Jean Gerson, chancelier de l'Université de Paris et moraliste ; dans l'autre, Jean de Montreuil, prévôt de Saint-Pierre de Lille, notaire et secrétaire du roi, et les frères Pierre et Gontier Col, le premier chanoine de Notre-Dame de Paris, le second homme d'État et humaniste.

Tous ces noms ont perdu pour nous de leur renom, alors qu'ils étaient célèbres autrefois. Le XVe siècle nous est loin, dans le temps comme dans les mœurs… Mais peut-être pas tant qu'on le croit. Écoutez plutôt…

Lorsque Jean de Meung poursuit le *Roman de la Rose*, un roman allégorique commencé par Guillaume de Lorris, il n'en conserve pas le caractère : la première partie de l'œuvre parlait de l'amour et des femmes avec respect, alors que la seconde réduit le sentiment amoureux à un plaisir des sens et présente les femmes comme des êtres superficiels et capricieux. Le point de vue de Jean de Meung est matérialiste et plutôt grossier, malgré la large place qu'il fait à son érudition – que ce soit en philosophie, en lettres ou en sciences. Ce caractère encyclopédique du contenu annonce la Renaissance et explique le succès de l'ouvrage parmi ses contemporains.

Lorsqu'elle s'adresse à Jean de Montreuil à ce sujet, Christine de Pizan dresse une critique méthodique du *Roman de la Rose*, à la fois sur la forme et sur le fond, en l'accusant d'immoralité,

1. Jean de Meung, ou Jean de Meun ou Jean Clopinel (donc le boiteux), est un poète français du XIIIe siècle, auteur du *Roman de la Rose*, dont Guillaume de Lorris a écrit la première partie.

de misogynie et d'obscénité. Sa lettre, rédigée en 1401, est une réponse à un texte de Montreuil faisant l'éloge de l'ouvrage ; sa longueur et sa teneur argumentative en font cependant un véritable traité. Un débat s'ensuit – et il est dû en grande partie à Christine – sur des questions de morale et d'esthétique : la place de l'écrivain dans la société et sa responsabilité morale, avec des enjeux plus vastes, comme la position et le discours des femmes.

Jean de Montreuil, en sa qualité d'auteur du texte élogieux, aurait souhaité que ce débat soit discret et se restreigne à un petit cercle de lettrés. Sans doute aurait-il préféré ne pas y inclure Christine. Celle-ci entend, au contraire, en faire un débat public. Pour elle, en tant que femme, il s'agit d'abord de participer à la polémique, de peser dans le débat. Et, en même temps, elle désire affirmer sa position fermement. Elle prend donc au sérieux l'activité littéraire, et l'écrivain et le lecteur par la même occasion, et entend s'engager courageusement pour elle.

Nous avons compris que les critiques (ou polémistes, si vous voulez) impliqués dans cet échange se rangent dans deux camps (les rodophiles et les rodophobes), selon qu'ils prennent partie pour ou contre le *Roman de la Rose*. Mais ils entrent aussi dans deux catégories : les plus connus et les moins connus. Et là, surprise, les plus connus sont les rodophobes, à savoir Christine de Pizan et Jean Gerson.

Sans entrer dans les détails, ni présenter ici l'intégralité de l'argumentation de Christine de Pizan, je pense qu'il est néanmoins intéressant de se pencher un instant sur l'un de ses arguments. Sa première accusation concerne l'oisiveté, et elle lui permet de mettre aussi en cause la démarche même de Montreuil : c'est évident, n'est-ce pas, qu'en vantant une œuvre qui n'est qu'oisiveté lui aussi a fait œuvre d'oisiveté[1]. Par ailleurs, une œuvre

1. En ancien français, *oysiveté* signifiait aussi « paresse », « lâcheté » et « sottise », en plus de son sens actuel.

s'apprécie selon Christine à l'aune du bien ou du mal que celle-ci engendre : si elle est « oyseuse », elle n'en produit aucun ; « pis que oyseuse », elle devient dangereuse et suscite du mal.

Mais ce roman qualifié d'« oisif » est également un livre « subtil ». C'est parce qu'il était si connu qu'elle avait décidé de le lire, et c'est parce qu'elle avait la culture littéraire nécessaire pour le comprendre qu'elle a pu venir à bout de la tâche qu'elle s'était donnée. Seulement, voilà, elle se reconnaît troublée par certains passages... En tant que femme, elle ne peut prendre le risque de prétendre à une lecture complète et sans faille du *Roman de la Rose* puisqu'une femme qui comprend la vulgarité est elle-même vulgaire. Elle s'en sort alors par une jolie pirouette, se comparant à un coq qui sautille sur les braises, se brûlant un peu les pattes mais échappant malgré tout à de plus graves brûlures... Il était parfois difficile, en tant que femme, de donner son jugement sur un sujet et de s'affirmer, alors même qu'on avait la légitimité de le faire.

Quand ses adversaires s'indignent et lui reprochent de « condamner un homme d'une telle intelligence et d'un savoir si profond », elle répond par le *Dit de la Rose*, puis par *La Cité des Dames* et *Le Livre des trois vertus*. Aux instincts et à la dégradation morale, célébrés par Jean de Meung, elle oppose le dialogue salutaire de la Raison, la Droiture et la Justice, et, se basant sur des exemples historiques (Frédégonde, Blanche de Castille) ou mythologiques (Cérès pour les connaissances en agriculture, Nicostrate à l'origine de l'alphabet latin...), elle démontre que les femmes sont capables d'accomplir les mêmes faits que les hommes.

Si j'ai tant insisté sur cet exemple (au lieu de vous parler d'un autre ouvrage de Christine de Pizan), c'est d'abord parce que l'échange qu'il a suscité illustre bien sa position de pionnière des lettres françaises. Mais également parce qu'il introduit une nuance importante, à laquelle je tiens beaucoup : malgré les positions contraires défendues par les différents participants, le débat autour de ce roman a réuni des confrères, et il serait donc faux de croire qu'il avait opposé féministes et antiféministes.

Pour récapituler, si Christine de Pizan s'est essayée à plusieurs genres et formes littéraires, toute son œuvre reste fortement ancrée dans la réalité. Par sa plume, elle a réussi à subvenir aux besoins de sa famille. Enfin, d'une œuvre à l'autre, il lui est arrivé de reléguer sa féminité à l'arrière-plan, ou de la cacher, mais le plus souvent elle l'utilisait comme un atout.

POUR ALLER PLUS LOIN

Françoise Autrand, *Christine de Pizan*, Fayard, 2009.

Christine de Pizan, *La Cité des Dames*, texte traduit par Thérèse Moreau et Éric Hicks, Stock, collection « Moyen Âge », 2005.

Les manuscrits numérisés de Christine de Pizan sur le site Gallica : *https://gallica.bnf.fr/html/und/manuscrits/christine-de-pizan?mode=desktop*

APHRA BEHN, LA PREMIÈRE FEMME DE LETTRES PROFESSIONNELLE BRITANNIQUE

Virginia Woolf l'admirait et la mentionnait dans ses écrits, la considérant comme une féministe avant l'heure. Cela m'a rendue curieuse, et c'est ainsi que je l'ai découverte. Je vous le dis tout de suite, Aphra Behn a eu une vie romanesque, conjuguant l'aventure et la littérature. Ses idées étaient audacieuses autant que généreuses… À n'en pas douter, cette grande dame des lettres britanniques mérite d'être évoquée.

On la dit fille d'un barbier, issue d'un milieu modeste, mais, comme pour d'autres personnages féminins de son temps, nous disposons de peu d'informations sur son enfance et son adolescence. « Behn » est d'ailleurs le nom de son mari, un marchand néerlandais qui décèda de la peste en la laissant veuve à vingt-six ans. Envoyée aux Pays-Bas en mission d'espionnage pour Charles II[1] sous le pseudonyme d'Astrea, clin d'œil au roman *L'Astrée* (1607) d'Honoré d'Urfé – vous savez, le premier roman-fleuve français –, l'espionne a eu plus ou moins de succès, puisqu'on la voit revenir en Angleterre, où elle s'installe, en passant au préalable par la case prison (eh oui, elle avait quelques dettes). Que pouvait-elle faire à votre avis pour sortir de cette situation ingrate ? Avant de donner vos réponses, n'oubliez pas de prendre en compte qu'elle vivait au XVIIe siècle. D'ailleurs, si vous vous prêtez à ce modeste exercice, vous verrez qu'en négligeant les « petits détails » de ce genre, la vie peut vite devenir très compliquée : ceux qui appliquent de manière décomplexée notre grille de lecture actuelle à une époque historique plus ou moins éloignée de la nôtre – pour se faire plaisir ou pour donner de la profondeur et de l'originalité à leurs idées – font simplement de l'anachronisme.

Mais revenons à Aphra et aux solutions, peu nombreuses, qui se présentent à elle. La plus commode (et aussi la plus courante) aurait été de loin le mariage. Vous vous doutez que ce ne fut pas le cas. La jeune femme choisit, au contraire, de travailler comme copiste : voilà déjà qui est plus audacieux. Mais son rêve – et son ambition – était d'écrire et d'en faire son métier. Vivre de sa plume, créer une œuvre durable, être prise au sérieux… cela ne pouvait être réservé qu'aux hommes, n'est-ce pas ? Bien sûr que non, chanterons-nous tous en chœur ! Seulement, rappelez-vous, la société dans laquelle Aphra vivait n'était pas la nôtre. Ce dont elle rêvait était alors une entreprise pleine de risque pour une femme…

1. Charles II Stuart est roi d'Angleterre, d'Écosse et d'Irlande (1660-1685), et fils aîné de Charles Ier. Il revient en 1660 sur le trône, inaugurant la période de la Restauration en Angleterre (ou Restauration des Stuarts) après l'intermède républicain sanglant d'Oliver Cromwell.

Les premiers écrits d'Aphra – romans et pièces de théâtre – voient le jour: *Oroonoko ou l'esclave royal* (1688), *Le Mariage forcé* (1671), *L'Empereur de la lune* (1687)... L'autrice y fait l'éloge de la femme cultivée qui garde son amant par la beauté de son esprit même lorsque l'âge atténue la beauté de son corps; elle y condamne la prostitution, démystifie le pouvoir masculin, etc. Dans les chroniques qu'elle a écrites, elle fait part de ses engagements littéraires et politiques, et met à l'honneur la raison et la liberté individuelle.

Dans *Oroonoko* (l'un des premiers romans anglais), elle imagine un Africain dans un décor exotique, dont elle idéalise la figure. Sans être un ouvrage ouvertement anti-esclavagiste[1], ce roman met en scène un prince africain devenu le symbole de la dénonciation de l'esclavage. Jean-Jacques Rousseau s'en inspire pour son «mythe du bon sauvage», ainsi que Voltaire pour son *Candide* (1759).

Un ultime détail, mais qui ne nous laisse pas indifférents: Aphra était francophone, et grande admiratrice de la littérature française (*We feel our sympathy increasing, don't we?*), dont elle a traduit entre autres les *Maximes* de La Rochefoucauld.

MARIE LE JARS DE GOURNAY, FEMME DE LETTRES ET PREMIÈRE FEMME PHILOLOGUE

Surnommée «la fille d'alliance de Montaigne», elle a été une brillante autodidacte, ayant appris le latin seule «sans

1. Parmi les lectures d'enfance ou de jeunesse d'Aphra, il y avait certains contes orientaux dans lesquels des populations européennes étaient réduites en esclavage par les Mongols. Elle voyait ainsi l'esclavage comme la soumission d'un groupe par un autre, plus puissant. Dans son roman, sa critique ne s'étend d'ailleurs pas à l'esclavage en général, mais concerne uniquement le personnage du prince africain.

grammaire et sans aide », en comparant les textes français et leur traduction. La philosophie, les sciences, les lettres, la passionnent, alors qu'elle refuse farouchement la voie de la « quenouille », c'est-à-dire l'avenir tout tracé qu'on réservait aux jeunes filles entre le mariage et le couvent. Voilà une belle entrée en matière.

Marie Le Jars provoque sa rencontre avec Montaigne, dont elle a lu avec enchantement la première édition des *Essais*. Son enthousiasme, que dis-je, sa stupéfaction est telle qu'elle lui envoie une lettre à laquelle il répond… Montaigne a cinquante-cinq ans, Marie n'en a que vingt-trois. En 1588, au château de Gournay, ils travaillent ensemble à la cinquième édition des *Essais*. Ces quelques semaines inspirent à Marie un roman : *Le Promenoir de Montaigne*. Ils ne se reverront plus : l'écrivain mourra quatre ans plus tard. Sa famille confie alors ses manuscrits inachevés à Marie pour qu'elle les lise et les édite. Ce qu'elle fera avec minutie et un dévouement exquis. Elle enrichit le texte à partir des notes (plus d'un millier) que l'auteur avait inscrites en marge de l'édition de 1588, puis identifie les auteurs cités par Montaigne, traduit les citations en latin, etc.

Marie s'imposera comme une personnalité importante dans le monde intellectuel parisien. Et, comme Christine de Pizan l'avait fait deux cents ans auparavant, elle vivra de sa plume. Le cardinal de Richelieu lui accordera même une pension. Enfin, à l'instar de son illustre prédécesseur Christine de Pizan toujours, elle soutiendra la cause des femmes dans deux ouvrages : *Égalité des hommes et des femmes* et *Le Grief des femmes*.

POUR ALLER PLUS LOIN

Marie Le Jars de Gournay, *Égalité des hommes et des femmes et autres textes*, Gallimard, 2018.

Michèle Fogel, *Marie de Gournay. Itinéraires d'une femme savante*, Fayard, 2004.

SAVIEZ-VOUS QUE LA PREMIÈRE HISTORIENNE DES CROISADES FUT UNE FEMME ?

C'est **Anne Comnène**, une princesse byzantine, fille de l'empereur Alexis Ier Comnène, qui nous a laissé la première description de la première croisade (1095-1099). Elle raconte ces événements à peine une vingtaine d'années après leur survenue, dans *Alexiade*, une biographie aux allures d'épopée qu'elle avait consacrée à son père. Ce témoignage est précieux et il constitue l'une des sources les plus complètes, selon les spécialistes de la période.

Exploratrices, voyageuses et aventurières

Jenny de Vasson (1872-1920)

Nellie Bly (1864-1922)

Lady Florence Baker (1841-1916)

Maria Sybilla Merian (1647-1670)

Grace O'Malley (vers 1530-1603)

JENNY DE VASSON, PIONNIÈRE DE LA PHOTOGRAPHIE

(1872-1920)

> Les clichés que Jenny Vasson rapporte de ses pérégrinations relèvent d'abord d'une volonté de fixer dans la mémoire les jolies choses vues…

Jenny Girard de Vasson est née à La Châtre, dans le Berry, au cœur de la France, dans une famille aristocratique aisée. Pendant sa jeunesse, elle a eu la chance de côtoyer des intellectuels et des artistes, dont George Sand, avec qui elle se promenait souvent, mais aussi le poète Maurice Rollinat, le sculpteur Ernest Nivet, le peintre Fernand Maillaud, l'écrivain et journaliste Jean-Richard Bloch, le romancier André Maurois… Ce milieu artistique, son éducation solide et, bien sûr, le cadre naturel charmant de sa province contribueront à stimuler sa curiosité et sa sensibilité, et à affiner le regard qu'elle pose sur le monde environnant, à lui ouvrir le goût pour les arts et l'envie de révéler la beauté qui est à la portée de tous.

En 1899, Jenny s'achète un appareil photographique et aménage un laboratoire dans sa maison. Dans les années qui suivent, elle multipliera les voyages en France et en Europe :

Belgique, Espagne, Grèce, Italie, Suisse. De nos jours, qui dit voyage dit presque aussitôt photographies, mais à l'époque cela n'allait pas de soi. Certes, Jenny était à la fois célibataire (très embarrassée qu'elle était, semble-t-il, par son embonpoint), aisée et libre. Mais on la sent passionnée, et parfois engagée dans son art.

Les clichés que Jenny Vasson rapporte de ses pérégrinations relèvent d'abord d'une volonté de fixer dans la mémoire les jolies choses vues, mais déjà le souci esthétique est là. Son regard est celui d'un peintre (cadrage, atmosphère, composition), sans doute sous l'influence de son éducation artistique et de ses fréquentations, et on rapproche aujourd'hui les scènes qu'elle a fixées sur la pellicule des œuvres des nabis ou des symbolistes.

Lorsque la famille s'installe à Versailles, Jenny – qui ne s'est jamais éloignée du cercle familial – en profite pour fréquenter les théâtres de la capitale, tout en continuant d'enrichir sa collection de photographies. Près de cinq mille portraits et scènes de la vie de tous les jours nous restent aujourd'hui de son abondante production – les Allemands en ayant hélas pillé et détruit une grande partie pendant la Seconde Guerre mondiale. Ces clichés constituent de précieux documents historiques sur la Belle Époque, et leurs qualités artistiques ont été saluées entre autres par Marguerite Yourcenar.

Fort heureusement pour nous, lorsqu'elle a fait brûler tous ses manuscrits, ne désirant pas qu'ils lui survivent, Jenny a épargné ses photos, qui relevaient à ses yeux d'un registre plus personnel. Et le fonds qu'elle nous a laissé la place aujourd'hui parmi les premières femmes photographes…

POUR ALLER PLUS LOIN

Le Monde de Jenny de Vasson, photographe de son temps, 1872-1920, Lancosme Multimédia, 2020.

Mark Rice, *Histoire de la photographie. De 1839 à nos jours*, Taschen, 2005.

NELLIE BLY, LA PREMIÈRE JOURNALISTE D'INVESTIGATION EN IMMERSION

(1864-1922)

> *Le 22 septembre 1887,*
> *le* World *me donna pour mission*
> *de me faire interner dans un asile de fous*
> *de New York.*

L'incipit de *10 jours dans un asile*, d'Elizabeth Jane Cochrane, plus connue sous le nom de Nellie Bly, nom de plume qu'elle avait choisi pour ne pas faire de tort à sa famille, annonce déjà les faits. Et par la même occasion la consacre en tant que première femme grand reporter. Elle fut aussi correspondante à l'étranger (au Mexique) et sur le front de la Première Guerre mondiale. Sa plume acérée et le choix de décrire les événements de l'intérieur font d'elle un précurseur du *gonzo journalism*.

Le journalisme «*gonzo*», ultra-subjectif, est apparu au milieu des années 1960 en réaction à l'exigence d'objectivité des écoles de journalisme de l'époque. Son instigateur, Hunter Thompson[1],

1. Hunter Stockton Thompson (1937-2005) est un journaliste américain, promoteur d'un journalisme subjectif: le journaliste écrit à la première

avait banni l'impersonnalité et, en appliquant à l'écriture du réel les règles de la fiction, avait fait du journaliste le protagoniste de ses reportages.

Et pourtant, Elizabeth Jane Cochrane voulait devenir institutrice… Il faut croire que ce n'était pas son destin. Un jour, la jeune femme prend sa plume pour réagir fortement à un article du journal local qui incriminait les femmes travailleuses. Sa lettre impressionne le rédacteur en chef, et la voilà journaliste. Astucieuse, elle se fait embaucher dans une usine de conserves pour connaître de l'intérieur les conditions de travail des ouvrières. Mais ses articles ne sont pas appréciés par ses patrons, qui obtiennent qu'elle soit mutée aux pages de jardinage, mode, théâtre… les rubriques féminines.

Qu'à cela ne tienne ! Nellie Bly quitte son poste et, après un passage par le Mexique, atterrit à New York, au *New York World*, à la tête duquel se trouve Joseph Pulitzer. Celui-ci pose une condition à son embauche : qu'elle réalise un reportage sur un asile d'aliénés en se faisant elle-même interner. La méthode convient parfaitement à la jeune journaliste (elle a vingt-trois ans), qui décide de passer une dizaine de jours à *Blackwell's Island*, un asile de femmes situé sur une île au large de Manhattan. Nellie simule donc la folie, et, lors d'un examen très sommaire, le médecin qui la reçoit la déclare folle. Son immersion permet notamment de

personne et devient un des protagonistes de son reportage en donnant son point de vue et en l'assumant. Ce nouveau genre s'apparente à un texte littéraire court, racontant une expérience vécue par son auteur. Le terme de *gonzo journalism* a été trouvé par son ami Bill Cardoso, lui-même journaliste au *Boston Globe*. En italien, un *gonzo* désigne « un nigaud, un crédule, un abruti » ; en vieux québécois, un *gonzeaux*, c'est un « sentier lumineux » ; enfin, *gonzo* serait un mot du patois irlandais du sud de Boston, s'appliquant au dernier homme qui tenait debout après une longue beuverie et qui était donc capable de raconter la fin de la débauche.

dénoncer le fait que, parmi les pensionnaires, il y a des immigrées venant d'Allemagne, de France, du Mexique, qu'on a aussi abusivement internées. Elle révèle, en outre, que le personnel médical se conduit avec une incroyable brutalité envers les patientes, les ruant de coups, les privant de nourriture, les exploitant.

Le reportage-témoignage de Nellie Bly s'avère un succès – elle en tirera d'ailleurs un livre – et contribuera à l'amélioration des conditions d'hospitalisation en psychiatrie. Pionnière du reportage d'investigation, Nellie Bly a poursuivi sa mission.

Sachez qu'elle fut aussi la première femme à avoir fait le tour du monde sans être accompagnée par un homme. Elle a raconté son périple – en sautant de train en bateau et même en montgolfière – dans un autre livre : *Le Tour du monde en 72 jours*. Eh oui, elle a été plus rapide que Phileas Fogg, le célèbre personnage de Jules Verne ! L'audacieuse journaliste eut même le temps de rendre visite à l'auteur à Amiens…

POUR ALLER PLUS LOIN

Nellie Bly, *10 jours dans un asile*, Points Documents, 2016.

Virginie Ollagnier, Carole Maurel, *Nellie Bly. Dans l'antre de la folie*, Glénat, 2021 (B.D.).

Victoria Mas, *Le Bal des folles*, Le Livre de Poche, 2021 (roman).

LADY FLORENCE BAKER, PREMIÈRE ESCLAVE BLANCHE AFFRANCHIE AYANT LUTTÉ CONTRE L'ESCLAVAGISME

Êtes-vous prêt à écouter un conte de fées ? Puisque c'est bien à cela que ressemble la vie de la femme dont il sera question ici.

Derrière Florence Baker – le nom sous lequel elle est devenue célèbre – se cache une certaine Florica Maria Sas ou Sass, ou encore von Szasz, originaire d'Aiud – ville de la principauté de Transylvanie, attestée déjà à l'époque romaine, devenue par la suite propriété de la Couronne hongroise, partie intégrante de l'Empire autrichien, puis rattachée à la Roumanie en 1918. Alors, notre Florica était-elle hongroise, allemande ou roumaine ? L'intéressée s'était hélas défendue de clarifier ce point. Néanmoins, son patronyme *Sas* renvoie à « Saxons », population germanique établie dans l'arc des Carpates et dont la langue est proche du dialecte alsacien.

Florica, ou si vous préférez Florence, est née en 1841 et a perdu ses deux parents lors des événements révolutionnaires de 1848 – que voulez-vous, la patrie de Dracula a toujours été une province à l'histoire tourmentée ! Enlevée par les Ottomans dans un camp de réfugiés et transformée en esclave dans un harem de Vidin (eh oui, il y avait aussi des esclaves blanches !), elle fut vendue aux enchères par son propriétaire turc et rachetée par… sir Samuel Baker[1], un explorateur britannique, impressionné par sa beauté (elle était blonde aux yeux bleus ; de toute façon, dans ce genre de transaction, on ne testait pas les qualités intellectuelles) et sans doute ému par son sort.

À partir de là, la vie de la jeune femme changea du tout au tout. Samuel, qui était veuf (sa première épouse était décédée de fièvre typhoïde), finit par l'épouser car il se trouvait qu'ils partageaient les mêmes convictions. Et c'est ainsi que Florica devint Florence, et même Lady Florence Baker. L'esclave polyglotte (elle parlait en effet plusieurs langues : le hongrois, le roumain, un dialecte allemand, le turc, et maintenant l'anglais[2])

1. Sir Samuel White Baker (1821-1893) est un voyageur et explorateur britannique.
2. Florence Baker avait également appris l'arabe et le kiswahili, un dialecte d'Afrique centrale de l'Est.

se mua en une exploratrice passionnée. Elle s'émerveilla, aux côtés de son mari, des beautés du continent africain. On leur doit, entre autres, la découverte du lac Albert. Ils remontaient alors le Nil pour en dénicher les sources, affrontant de nombreuses difficultés liées notamment aux insectes et aux maladies qu'ils transmettaient. Samuel fut récompensé pour ses découvertes par la médaille d'or de la *Royal Geographical Society*, et anobli.

Mais Florence fit même davantage : avec son mari toujours, elle s'engagea dans la lutte pour l'abolition de l'esclavage – elle en savait quelque chose ! – et fut un témoin important de la traite négrière. Ce commerce ignoble était alors très répandu dans tout l'Empire ottoman, en constituant un élément important du système économique et politique. On dit que les villageois d'Ouganda honorent encore le souvenir de cette grande dame, célébrée sous le nom d'*Anidaoué*, qui signifie « fille de la Lune ».

Outre en Afrique, Florence a voyagé à Chypre et au Japon. Lorsqu'elle se trouvait en Europe, dans cette Angleterre victorienne si conventionnelle, Florence s'habillait avec discrétion. Mais quand elle voyageait, elle mettait des pantalons, montait à cheval (ou à chameau) et faisait preuve de beaucoup de courage (ne rechignant pas à porter des armes si la situation le demandait) et de dignité.

POUR ALLER PLUS LOIN

Pat Shipman, *Les Amants du Nil*, Presses de la Cité, 2005.

Véronique Olmi, *Bakhita*, Albin Michel, 2017[1].

Robert C. Davis, *Esclaves chrétiens, maîtres musulmans. L'esclavage blanc en Méditerranée (1500-1800)*, Actes Sud, 2007.

1. Magnifique roman inspiré de l'histoire vraie d'une Soudanaise vendue comme esclave, puis rachetée par le consul d'Italie et ramenée en Europe, et devenue la première sainte noire de l'histoire chrétienne.

MARIA SYBILLA MERIAN, LA PREMIÈRE FEMME ENTOMOLOGISTE

(1647-1670)

« Maria, douée pour le dessin, est très attirée par les plantes et par le petit monde des insectes, qu'elle arrive vite à représenter avec une grande précision.

Peintre, graveuse et naturaliste allemande, mais aussi, par moments, femme d'affaires et exploratrice : tels furent les talents ou, si vous préférez, les compétences de Maria Merian, reconnue sur le tard comme une figure importante de son temps.

Son père, le Suisse Matthäus Merian l'Ancien, était un graveur sur cuivre et éditeur spécialisé dans la botanique. Il avait épousé en secondes noces l'Hollandaise Johanna Sybilla Heim, la mère de Maria. Cette dernière vit le jour en 1647 à Francfort-sur-le-Main, en Allemagne. Elle n'eut pas le temps de connaître son père, qui est décédé trois ans plus tard. C'est donc dans l'atelier de son beau-père, le peintre Jakob Marell[1], qu'elle fit son triple

1. Jakob Marell (1613-1681) – écrit parfois Jacob Morrel – est un graveur et peintre baroque d'origine néerlandaise.

apprentissage – du dessin, de la peinture et de la gravure en taille-douce.

Marell peignait spécialement des fleurs, mais de petits animaux égayaient parfois ses compositions à la manière de précieux joyaux : papillons, lucanes « cerfs-volants », libellules, abeilles, mouches, ainsi que des coquillages, voire des batraciens… L'effet de réel en était ainsi renforcé. Maria, douée pour le dessin, est très attirée par les plantes et par le petit monde des insectes, qu'elle arrive vite à représenter avec une grande précision. Elle va plus loin encore en notant dans un calepin des observations sur ses sujets d'étude : régime alimentaire, comportement, etc. En parallèle, elle s'initie au commerce de l'art, au milieu des fournisseurs et des clients qui venaient dans la boutique de Marell. Autant d'éléments qui trouveront leur importance plus tard.

C'est une jolie petite histoire que je suis en train de vous conter, mais elle manque un peu d'action, non ? Me serais-je trompée de chapitre, par hasard ? Une exploratrice n'est-elle pas un peu plus fougueuse et, pourquoi pas, aventurière sur les bords ? Patience, patience…

À Nuremberg, où Maria s'est installée avec son époux, Johann Graff, peintre lui-même et formé lui aussi dans l'atelier de Marell, elle tient une boutique où elle vend des couleurs mais aussi des tissus en tout genre, surtout des imprimés aux motifs floraux qu'elle crée elle-même. Et comme elle a de l'énergie à revendre, notre Maria, elle donne aussi des cours, notamment aux filles de peintres de la région.

Puis, en 1679, la voilà qui publie *Les Merveilleuses Transformations des chenilles*, un ouvrage essentiel dans l'histoire des sciences naturelles. Car non, elle n'avait pas oublié ses amies les petites bêtes ! Cet opus en deux volumes était illustré d'une centaine de gravures magnifiques représentant le cycle de vie des papillons, avec leurs métamorphoses, mais aussi leur environnement et leur nourriture. En plus d'une réalisation artistique exceptionnelle, Maria avait accompli ici un véritable travail de recherche scientifique. Eh oui, les carnets qu'elle avait accumulés depuis ses jeunes années avaient trouvé là un bel emploi ! Ce livre eut donc un succès important. Il semble que l'autrice y avait même abordé un problème économique majeur à l'époque : celui de l'élevage des vers à soie. Vous souriez ? Eh bien, vous avez tort : Leibniz y attachait de l'importance, puisqu'il avait fait importer des mûriers de Chine et, en sa qualité de président de l'Académie de Berlin, avait obtenu le monopole de la sériciculture... Il est vrai, cependant, que les recherches de Maria n'avaient pas abouti. Mais elles ont le mérite d'exister, et il ne faut pas oublier qu'elles ont fait de Maria la première entomologiste, c'est-à-dire la première naturaliste spécialiste de l'étude des insectes.

Un livre, c'est déjà une aventure. Maria n'allait pas s'arrêter en si bon chemin. Elle publie ensuite avec son beau-père, Jakob Marell, le *Neues Blumenbuch* (*Nouveau Livre des fleurs*), un recueil de modèles floraux destinés à ses élèves, mais aussi aux dames qui aimaient broder. C'est encore une fois une œuvre scientifique autant qu'artistique, dont il ne faudrait pas oublier l'audace commerciale. Maria avait le sens des affaires et elle savait comment bien vendre son travail. Inutile de vous préciser que son affaire était prospère !

Mais, comme toujours, la vie n'est pas un long fleuve tranquille, loin de là. En 1685, Maria se sépare de son mari, accusé de « vices honteux[1] ». L'affaire devient publique, et la rupture est violente. Après vingt-cinq ans de vie commune et deux filles, cela a dû ébranler chacune des parties impliquées. L'opinion fait porter à Maria la responsabilité des faits, pour avoir rejoint la secte

1. On a supposé qu'il s'agissait d'homosexualité.

des labadistes. Ces derniers sont des adeptes de Jean de Labadie[1], un ex-jésuite converti au protestantisme. La communauté labadiste reconnaissant l'égalité homme-femme, elle réussit à attirer dans ses rangs de nombreuses femmes instruites. Au château de Waltha, dans la Frise occidentale, auprès des labadistes, avec qui elle est restée une dizaine d'années, ainsi que sa mère et ses filles, Maria apprend le latin et découvre des plantes inconnues, expédiées de Surinam par une communauté labadiste locale pour la collection de Sommelsdijck[2], le propriétaire du château.

En 1691, après la mort de son demi-frère et de sa mère, Maria quitte Waltha, s'installe à Amsterdam et reprend ses activités artistiques et scientifiques, fréquentant le milieu intellectuel de la ville, dont Caspar Commelin[3], le directeur du Jardin botanique.

Et nous voilà arrivés au grand voyage qu'elle entreprend au Surinam, sur la côte nord-est de l'Amérique du Sud. Rêveuse sûrement, mais également pragmatique, Maria avait choisi cette destination exotique pour plusieurs raisons : l'intérêt qu'elle portait à la collection de Sommelsdijck, la mission labadiste à Providentia qui pouvait les accueillir, elle et sa fille Dorothée, le fait que sa fille aînée, Johanna Elena, avait épousé un négociant allemand qui faisait du commerce avec le Surinam…

Maria a cinquante-deux ans quand elle entame son long voyage sous les tropiques. Pendant deux ans, elle et sa fille observent la flore et la faune, jusque dans la forêt vierge. Au

1. Jean de Labadie (1610-1674) est un prêtre français, puis pasteur protestant à l'origine d'une secte : la communauté des labadistes.

2. Cornelis van Aerssen van Sommelsdijck (plus souvent appelé Sommelsdijk ; 1637-1688) a été le premier gouverneur du Surinam après la création de la Société du Surinam en 1683.

3. Caspar Commelin ou Caspar Commelijn (1668-1731) est un botaniste, directeur du jardin botanique d'Amsterdam, auteur de plusieurs traités de botanique.

retour, en 1701, alors que Maria est malade de la malaria, elles rapportent dans leurs valises des plantes et des animaux séchés ou conservés dans des bocaux d'alcool. L'inventaire comprend même des serpents, des iguanes, des tortues et des crocodiles (une curiosité qui devrait vous amuser: Réaumur[1] voyait dans le crocodile un « furieux insecte », et le classait comme tel).

Et comme l'aventure est surtout intérieure, Maria se lance dans la préparation de son œuvre majeure, *Métamorphose des insectes du Surinam*, parue en 1705 dans une édition latine et une autre hollandaise, dont l'intérêt scientifique fut énorme. La soixantaine de planches y est abondamment commentée: les insectes sont ainsi intégrés dans leur environnement naturel, représentés sur leur plante-hôte, avec une description soignée et minutieuse de tous les stades de leur métamorphose. La documentation de Maria est riche, et son ouvrage est considéré comme le premier traité d'histoire naturelle du Surinam. Pour mesurer son importance, à cette époque, on croyait encore, à la suite d'Aristote, que les insectes naissent spontanément de la pourriture.

Dans ses commentaires, Maria pointe les excès de la culture exclusive de canne à sucre au détriment d'autres cultures, et elle prend aussi position contre les mauvais traitements infligés aux indigènes par les colons.

En reconnaissant l'importance de sa contribution scientifique, les plus grands naturalistes européens se sont par la suite penchés sur les œuvres de Maria et certains l'ont citée dans leurs études. Des espèces comme *Metellina merianae* (1763), *Salvator merianae* (1839) ou *Pseudi merianae* (1841) ont aussi été baptisées en

1. René-Antoine Ferchault de Réaumur (1683-1757) est un physicien et naturaliste français, élu à l'Académie française des sciences en 1708. Considéré comme le fondateur de la sidérurgie scientifique, Réaumur a été aussi un grand entomologiste.

son honneur. Après une période d'oubli, on a redécouvert au XIXe siècle le travail passionnant de Maria Merian…

POUR ALLER PLUS LOIN

Maria Sibylla Merian, *Histoire naturelle*, Éditions Place des Victoires, 2018.

Yannick Lelardoux, *Maria Sibylla Merian, la mère de l'écologie*, Naïve, 2015.

GRACE O'MALLEY, LA « REINE PIRATE »

L'Irlandaise Grace O'Malley (vers 1530-1603) fut une des premières femmes pirates, dont la célébrité fut telle que son nom est arrivé jusqu'à nous. Sa « formation » semble avoir commencé de bonne heure, dès l'âge de onze ans, même si nous savons peu de chose de son enfance.

Certaines vies, on le sait, prennent tôt les couleurs de l'aventure. De Grace O'Malley, on dit qu'elle était née pour devenir un formidable marin, un pirate des mers, une négociante pragmatique, un capitaine de galère, une habile diplomate… en un mot une « reine pirate ». En plus d'avoir sillonné les mers, elle fut également épouse, amante, mère et grand-mère, défiant les conventions et les barrières en tout genre.

Fille unique du chef irlandais Owen, Grace a grandi dans le comté de Mayo, situé dans une province de l'ouest de l'Irlande. Le clan O'Malley vivait de la mer, et notamment de la pêche. Ils contrôlaient alors la plupart des châteaux parsemés tout au long de la côte. Il faut savoir aussi qu'à l'époque qui nous intéresse une partie de l'Irlande se trouvait sous la domination anglaise. Par ailleurs, la passion de Grace pour la grande bleue était telle qu'elle n'hésita pas à se faire couper court les cheveux afin de convaincre son père de l'emmener avec lui en voyage – celui-ci ayant prétexté que ses longs cheveux pourraient la gêner au quotidien sur le bateau.

Nous comprenons un peu mieux pourquoi Grace a fait la « carrière » qu'on lui connaît dans la marine et la piraterie. Notre rebelle allait ainsi défendre bec et ongles ses territoires, ses jolis et romantiques (pour nous !) châteaux. Sa devise, *Terra Marique Putens*, signifie « Puissant sur la mer et sur la terre ».

Ce n'était certainement pas une tendre. Pendant près d'un demi-siècle, elle vécut du commerce et de la piraterie, alors forcément cela forge un caractère. Sa vie durant, elle dut batailler pour ses terres, sa famille, sa vie même. Sir Richard Bingham, le gouverneur anglais de la province irlandaise de Connaught, voyait en elle une menace majeure – on le comprend, elle pillait tous les navires anglais sur son passage – et procéda à son arrestation. Capturée, Grace O'Malley fut donc emprisonnée, mais elle échappa de justesse à la condamnation à mort.

Son caractère fort et sa vie mouvementée ne l'empêchèrent pas d'avoir une famille : elle eut trois enfants avec son premier mari, Donal O'Flaherty, qui sera tué dans une embuscade, puis un enfant de son mariage de raison autant qu'éphémère avec Richard Burke, chef d'un clan voisin.

Féroce en mer et fine politicienne sur terre, Grace est allée jusqu'à rencontrer Elizabeth I en 1593, au château de Greenwich, afin de faire libérer deux de ses enfants, Murrough et Tibbot, ainsi que son frère, emprisonnés par son ennemi Bingham. Cette rencontre historique eut lieu en latin, puisque aucune des deux femmes ne parlait la langue de l'autre. Grace négocia alors le départ de Bingham mais accepta, en échange, de participer à la rébellion des lords irlandais.

Le peu d'informations fiables qui nous restent sur Grace O'Malley ne nous permet pas de trancher en faveur de l'héroïne courageuse ou de la pirate cruelle. Mais est-ce souhaitable de lui apposer une étiquette ? La vie qu'elle s'est choisie était rare pour son époque. Je reformule donc ce qui précède : Grace a mené une vie de pionnière.

POUR ALLER PLUS LOIN

Ann Moore, *Grace O'Malley*, Presses de la Cité, 2003.

Femmes politiques et militantes

Virginia Woolf (1882-1941)

Alexandra Kollontaï (1872-1952)

Geneviève de Gaulle-Anthonioz (1920-2002)

Julie-Victoire Daubié (1824-1874)

Joséphine Pencalet (1886-1972)

Olympes de Gouges (1748-1793)

Éléonore d'Arborée (1347-1404)

VIRGINIA WOOLF, PIONNIÈRE DU FÉMINISME

(1882-1941)

> *Une femme doit avoir de l'argent et une chambre à soi si elle souhaite pouvoir écrire des histoires.*

L'autrice de *Mrs Dalloway* (1925), d'*Orlando* (1928), d'*Une chambre à soi* (1929) et des *Vagues* (1931) dans une rubrique sur les femmes politiques militantes ? Eh bien, oui, elle est au bon endroit ! Même si vous avez vu juste : j'ai consacré ces pages à la romancière et essayiste britannique en raison de ses idées et, bien sûr, de la qualité de son œuvre littéraire, qui donne à ses positions une assise solide. Elle est aussi, comme d'autres personnalités présentées dans ce livre, un esprit rebelle autant qu'inclassable, et c'est justement ce qui la rend passionnante et moderne.

Virginia Woolf ne serait probablement pas enchantée de se voir rangée dans la case « féministe », puisqu'elle contestait fermement l'ordre binaire de la société patriarcale qui opposait féminin et masculin. Cependant, sans se situer dans une revendication ouvertement militante, elle a contribué à la prise de conscience et au développement de la pensée féministe, et en cela sa place est pleinement justifiée ici. Aurait-elle été féministe malgré elle ? J'inclinerais à la considérer plutôt comme un précurseur intelligent et subtil.

Avant d'aborder ses idées, rappelons brièvement quelques éléments biographiques afin de mieux cerner la personnalité de Virginia Woolf. Fille cadette de sir Leslie Stephen, historien, journaliste et écrivain britannique, auteur entre autres d'une réputée *Histoire de la pensée anglaise au* XVIII*e siècle*, et de Julia Jackson, Virginia perd sa mère lorsqu'elle a treize ans. Sa vie sera parsemée, à quelques années d'intervalle, de plusieurs deuils successifs : la disparition de sa demi-sœur[1], suivie de celles de son père puis de son frère. Des épisodes de dépression se succèdent, allant parfois jusqu'à l'hospitalisation. Un autre traumatisme a lourdement pesé sur son enfance et contribué à ses tendances suicidaires : les agressions sexuelles de ses demi-frères.

Après la mort de son père, Virginia fait partie du fameux cercle intellectuel de Bloomsbury (*Bloomsbury Group*), du nom de la maison où elle s'installe avec son frère Thoby et sa sœur Vanessa, et où ils reçoivent des amis écrivains, historiens, critiques... pour discuter librement de l'art, de la littérature, de la morale, et autres sujets d'avant-garde qui agitaient la société victorienne. Virginia y fait la connaissance de Leonard Woolf, son futur époux, essayiste politique et écrivain. Ensemble, ils fondent en 1917 une maison d'édition, la Hogarth Press[2], où Virginia publiera tous ses romans. Malgré un mariage heureux, Virginia eut une

1. La mère de Virginia avait d'abord été mariée à Herbert Duckworth, avec qui elle avait eu trois enfants, Georges, Stella et Gérald.
2. Parmi les écrivains publiés, mentionnons T.S. Elliot (1888-1965 ; prix Nobel de littérature en 1948), Katherine Mansfield (1888-1923) et Gertrude Stein (1874-1946) ; de nombreuses traductions (de romanciers français et russes, de psychologues allemands) y ont aussi vu le jour.

longue liaison avec la romancière Vita Sackville-West[1]. Enfin, ultime acte d'une vie mouvementée, Virginia Woolf s'est suicidée à près de soixante ans.

Il y aurait tant à écrire sur les livres de Virginia Woolf, dont on dit qu'ils se confondent avec l'existence de leur auteur ! Je me contenterai ici d'esquisser brièvement leurs idées féministes, en espérant vous donner envie de vous pencher sur les romans eux-mêmes.

Une chambre à soi est sur ce point particulièrement intéressant car il s'agit d'un recueil de conférences autour d'une interrogation : de quoi une femme a-t-elle besoin pour devenir écrivaine ? D'argent et d'un lieu à elle, répond Virginia Woolf. Selon elle, c'est d'abord le contexte socio-économique et idéologique qui empêche les femmes de sortir du silence pour oser réfléchir et s'inventer, pour entrer dans la littérature. Comment ne pas reconnaître la justesse de cette thèse sur la nécessité de l'indépendance financière des femmes comme condition de leur émancipation intellectuelle ? Les arguments historiques et culturels, la plume qui trempe tantôt dans l'ironie, tantôt dans la poésie, sont convaincants et je vous invite à les découvrir. Et puis les questions fusent. Le sexe de l'auteur influence-t-il son œuvre ? Quelles sont les principales contraintes qu'une écrivaine rencontre ? Celle-ci manque-t-elle de courage pour exprimer librement ses pensées ? Le nombre restreint d'écrivaines, leur manque d'aisance sont-ils liés à leur condition matérielle plus précaire que celle de leurs homologues masculins ?

L'écrivain est androgyne, affirme Virginia Woolf, et l'écriture est affranchissement autant qu'accomplissement. L'enjeu

1. Vita Sackville-West (1892-1962) est une poétesse, romancière, essayiste et traductrice britannique. Elle est notamment l'autrice des romans *Au temps du roi Édouard* (1930) et *Toute passion abolie* (1931).

serait alors de réussir à atteindre l'équilibre subtil – et ô combien difficile – entre le côté féminin et le côté masculin présents en chacun de nous. Mais l'autrice d'*Orlando* n'est pas la seule à revendiquer ce statut d'androgyne (dans l'esprit) pour l'artiste. Charles Baudelaire, Sylvia Plath ou Marguerite Yourcenar voyaient aussi dans cette figure mythologique l'expression de la perfection, du génie. Et vous, qu'en pensez-vous, cher lecteur ?

POUR ALLER PLUS LOIN

Virginia Woolf, *Une chambre à soi*, 10/18, 2001.

Alexandra Lemasson, *Virginia Woolf*, Gallimard, « Folio », 2011.

Viviane Forrester, *Virginia Woolf*, Albin Michel, 2009.

ALEXANDRA KOLLONTAÏ, PREMIÈRE FEMME MINISTRE ET PREMIÈRE AMBASSADRICE DE L'HISTOIRE

(1872-1952)

> *L'idéal serait l'amour libre, entre camarades,*
> *et qui servirait une cause collective :*
> *la construction du communisme.*

Quittons l'Angleterre victorienne[1] pour la Russie soviétique. Je vais vous parler maintenant d'une *camarade* : la révolutionnaire-politicienne-diplomate soviétique Alexandra Kollontaï.

Bien qu'issue de la vieille noblesse russe, Alexandra Kollontaï fut une figure importante de la révolution d'Octobre en Russie. Certains la considèrent même comme la bolchevik la plus remarquable du mouvement, une agitatrice efficace dès ses débuts et l'une des premières à avoir soutenu l'appel de Lénine. En effet,

1. La période de la révolution industrielle en Grande-Bretagne a coïncidé avec le règne de la reine Victoria (1837-1901), d'où l'appellation d'« époque victorienne ».

en 1896, elle quitte la Russie pour étudier l'économie à Zurich, où elle fait connaissance avec les réfugiés politiques russes. Elle multiplie ses voyages en Europe, rencontre Lénine et Clara Zetkin, et finit par rejoindre le groupe.

Un temps membre du gouvernement, puis gardant un rôle actif au sein du Parti communiste – dont elle sera exclue puis réintégrée –, elle devient en 1923 la représentante diplomatique de l'Union soviétique en Norvège, soit la première femme ambassadeur de l'histoire contemporaine. Après une année passée au Mexique, où elle est moyennement appréciée, Alexandra Kollontaï retourne en Norvège et y reste jusqu'en 1930, date à laquelle elle est nommée ambassadrice en Suède. En juillet 1945, après la victoire de l'URSS sur l'Allemagne, elle met fin à sa carrière diplomatique et prend sa retraite à Moscou, où elle se consacre à la rédaction de ses Mémoires.

Comment ne pas remarquer d'emblée que cette fervente communiste a passé la plupart de sa vie en Europe occidentale ou à voyager à travers le monde[1], bien loin (à l'abri ?) du régime que ses camarades avait instauré dans son pays ? C'est ce qui m'a tout de suite frappée, avant même de m'intéresser à sa pensée.

Les idées qu'elle a portées – un mélange original de féminisme et de marxisme – avaient pour but principal l'émancipation de la femme, qui, selon elle, devait s'appuyer sur une double libération : économique et sexuelle. Ses convictions personnelles étaient

1. En effet, la Révolution de 1917 la trouve en Norvège. Son exil avait commencé neuf ans plus tôt, période pendant laquelle elle a séjourné aux États-Unis et en Europe, qu'elle a sillonnée : Genève, Lausanne, Paris, Bologne, etc. En 1923, le Parti l'envoie comme ministre plénipotentiaire en Norvège. En 1930, elle est nommée ministre en Suède. Elle ne retournera dans son pays qu'en… 1945 et s'y éteindra en 1952, à l'âge de quatre-vingts ans.

par ailleurs nourries de son histoire familiale, avant d'être joliment emballées pour correspondre à l'idéologie du Parti qu'elle servait.

Sa mère, fille d'un riche et fier paysan finnois, avait été empêchée par celui-ci d'épouser le général ukrainien dont elle était amoureuse. Dans un premier temps, elle avait obéi à son père, avant de divorcer du mari imposé pour enfin épouser son amant.

En outre, le goût qu'Alexandra Kollontaï avait pour l'écriture et l'importance qu'elle donnait à cette activité lui venaient également de son vécu personnel : entre autres, l'image de son père dans leur bibliothèque en train de rédiger l'*Histoire de la guerre russo-turque* l'avait profondément marquée. Même son hésitation de jeunesse entre les bolcheviks et les mencheviks avait ses racines dans ce double héritage familial : indépendance et volonté du côté de sa mère, idéalisme du côté de son père… Plus tard, au sein du Parti, elle allait être considérée comme la spécialiste des questions féministes – et cela ne nous surprend pas vraiment.

Dans son essai *Le Communisme et la Famille*, elle imagine avec optimisme et confiance la nouvelle société – communiste, bien évidemment – et prédit la fin de la famille traditionnelle. Ses positions sur le mariage, la sexualité et la famille doivent se fonder, à ses yeux, sur une « morale sexuelle prolétarienne » :

> « À la place de la famille individualiste et égoïste s'élèvera une grande famille universelle de travailleurs, au sein de laquelle tous les travailleurs, hommes et femmes, seront par-dessus tout des travailleurs, des camarades. Tels seront les rapports entre hommes et femmes dans la société communiste de demain… Nous faisons appel aux ouvrières et aux ouvriers, aux paysannes et aux paysans pour entreprendre courageusement et avec foi la tâche de la reconstruction de la

société humaine dans le but d'assurer à l'individu le bonheur qu'il mérite. Le drapeau rouge de la Révolution sociale qui, après la Russie, recouvrira aussi d'autres pays du monde, nous annonce déjà la venue du paradis sur terre auquel l'humanité aspire depuis des siècles. »

Ainsi, la société devra prendre en charge le soin et l'éducation des enfants, et les services collectifs remplacer les soins du ménage. L'idéal, nous enseigne-t-elle, serait l'amour libre, entre camarades, et qui servirait une cause collective : la construction du communisme.

Puisqu'elle s'occupait dans une moindre mesure des problèmes liés à la famille et à l'éducation des enfants – pourtant bien plus importants dans un pays pauvre comme la Russie avec plus de moitié de la population qui est illettrée –, les critiques ne tardèrent pas à pleuvoir. Alexandra Kollontaï fut d'abord accusée par Paulina Vinogradskaja, collaboratrice au journal *Kommunistka*, d'être féministe plus que communiste pour avoir privilégié la « lutte des sexes » au détriment de la « lutte de classes ». D'autres voix s'élevèrent ensuite pour lui reprocher, entre autres, d'opposer l'amour libre (« l'amour des abeilles ouvrières ») et la famille bourgeoise, et de rejeter en bloc la famille alors que la société russe n'était pas encore prête à s'en passer, en tout cas tant qu'elle n'avait pas construit le socialisme – la famille restait nécessaire aussi longtemps que l'État socialiste n'arrivait pas à prendre complètement en charge les enfants. Évidemment, libérer les femmes du soin constant des enfants afin de les rendre égales aux hommes dans le travail restait un objectif du Parti, mais cela allait prendre un certain temps…

Toutes ces attaques déformaient les positions d'Alexandra Kollontaï qui étaient, malgré quelques extravagances, inspirées. Mais nous n'irons pas plus loin dans ces débats qui doivent vous paraître pour le moins curieux, parce qu'il est difficile pour nous aujourd'hui de concevoir à quel point les régimes socialistes-communistes se proposaient – et se proposent toujours ! – de contrôler la vie privée de chacun. Difficile aussi d'imaginer la souffrance qu'a pu engendrer chez les gens ordinaires le spectre de cet avenir « lumineux »[1].

POUR ALLER PLUS LOIN

Alexandra Kollontaï, *Marxisme et révolution sexuelle*, La Découverte, 2001.

GENEVIÈVE DE GAULLE-ANTHONIOZ, LA PREMIÈRE FEMME À AVOIR REÇU LA DIGNITÉ DE GRAND-CROIX DE LA LÉGION D'HONNEUR

Geneviève de Gaulle-Anthonioz (1920-2002) est **la première femme française à avoir reçu la dignité de Grand-Croix de la Légion d'honneur**, le 11 juillet 1997. C'est la plus haute distinction de l'Ordre.

Pendant la Seconde Guerre mondiale, la nièce du général de Gaulle avait fait partie de la Résistance. Arrêtée dans une librairie parisienne du 6e arrondissement avec des papiers compromettants en sa possession, la jeune Geneviève de Gaulle a été emprisonnée, puis déportée à Ravensbrück, en Allemagne, d'où elle ne sera libérée qu'en avril 1945. Mais son combat ne s'est pas arrêté là. En 1958, elle découvre grâce au père aumônier Joseph Wresinski le « camp des sans-logis »

1. Le socialisme-communisme était en réalité un mélange grotesque d'**esclavagisme** (le travail obligatoire non rémunéré), de **féodalisme** (l'activiste de la nomenklatura se conduisait tel le seigneur sur son fief ; qu'on se rappelle cette phrase célèbre d'Orwell : « Tous les animaux sont égaux, mais il y en a qui le sont plus que d'autres ») et de **capitalisme miséreux**.

de Noisy-le-Grand, dont la pauvreté l'impressionne profondément et la pousse à devenir le porte-parole de cette population infortunée auprès des ministères. En 1964, elle accepte la présidence de l'association ATD (Aide à toute détresse), créée par le père aumônier Joseph Wresinski. Elle la gardera jusqu'en 1998.

Avant Geneviève de Gaulle-Anthonioz, **la première femme décorée de la Légion d'honneur** a été **Marie-Angélique Duchemin** (veuve Brûlon ; 1772-1859), le 15 août 1851. Fille, sœur et épouse de soldats de l'armée révolutionnaire, celle-ci s'engage à son tour, après la mort de son mari. Elle n'a alors que vingt ans, mais elle se fait remarquer par sa bravoure et devient caporal fourrier, puis sergent-major. Pendant le siège de Calvi, en 1794, Marie-Angélique est grièvement blessée. En 1804, elle est **la première femme admise** aux Invalides (avec le grade de sous-lieutenant). C'est sous la Seconde République, alors qu'elle a soixante-dix-neuf ans, qu'elle se voit décerner l'ordre de la Légion d'honneur avec le titre de chevalier par Louis Napoléon Bonaparte (futur Napoléon III).

POUR ALLER PLUS LOIN

Geneviève de Gaulle-Anthonioz,
La Traversée de la nuit, Seuil, 1998.

JULIE-VICTOIRE DAUBIÉ : UN EXEMPLE À SUIVRE !

(1824-1874)

> Une personne entière, avec des convictions fermes et qui connaissait parfaitement ses objectifs.

Le 17 août 1861 : Julie-Victoire Daubié avait les boules!

Non, elle n'était ni en colère ni effrayée, loin de là! Ce jour-là, Julie-Victoire Daubié, trente-sept ans, obtenait son baccalauréat avec… six boules rouges, trois boules blanches et une boule noire. Eh oui! ni notes ni moyenne à l'époque, mais des boules de couleur: rouge pour un « avis favorable », blanche pour une « abstention » et noire pour un « avis défavorable ». Mais quelque amusant que fût ce système de notation, vous vous doutez qu'il n'est pas la raison pour laquelle je vous parle de « Mademoiselle Daubié ».

Petit rappel du contexte historique: l'enseignement primaire est obligatoire pour tous, garçons et filles, mais ces dernières sont exclues de l'enseignement supérieur. Tout comme pour le suffrage: universel, certes, mais masculin…

LE SAVIEZ-VOUS ?

L'éducation des jeunes filles est un thème récurrent au XIXe siècle. Des réformes voient le jour et ont pour résultat la création d'écoles normales féminines (la loi Paul-Bert, 1879), ainsi que des lycées et des collèges de jeunes filles (la loi Camille-Sée, 1880). Les références sur lesquelles on s'appuie sont notamment Christine de Pizan (1364-1430), Marie Le Jars de Gournay (1565-1645), François Poullain de La Barre (1647-1723), Jean-Jacques Rousseau (1712-1778) et John Stuart Mill (1806-1873).

À partir des années 1830, **Joséphine Bachellery** (1803-1872), directrice d'un pensionnat dans Paris, propose – sans succès – la création d'une École normale destinée aux femmes. Dans la seconde moitié du XIXe siècle-début du XXe siècle, **Clarisse Juranville** (1826-1906), institutrice et autrice de manuels scolaires et de nombreux livres pour la jeunesse, a consacré sa vie entière à l'enseignement et à l'écriture d'ouvrages pédagogiques destinés notamment à l'éducation des jeunes filles.

Allez, assez fait durer le suspense ! Julie-Victoire Daubié, future journaliste, a été la première femme à avoir obtenu le baccalauréat en France ! Et aussi la première licenciée ès lettres (en octobre 1871, alors que les cours à la Sorbonne ne sont pas ouverts aux femmes !). Une pionnière ! Ses meilleures performances ont été en latin, en histoire et en géographie.

Julie-Victoire était une personne entière, avec des convictions fermes et qui connaissait parfaitement ses objectifs. Sans être anticléricale – comme certains aiment le dire aujourd'hui – (et pour cause, Florentin, son frère, est prêtre et l'avait aidée à potasser son latin et son grec, matières indispensables pour se présenter au baccalauréat), elle avait dénoncé le passe-droit accordé aux congrégations religieuses au détriment des femmes laïques.

Vous ne serez donc pas surpris d'apprendre qu'elle avait commencé par remporter un concours organisé par l'Académie impériale des sciences et belles-lettres de Lyon avec une étude, *La Femme pauvre au XIXe siècle*. Le mémoire, publié en 1866 et 1869, se penche sur la condition économique, morale et politique de la femme et repose sur une enquête minutieuse. Non seulement Julie-Victoire Daubié a fait de la pauvreté féminine son objet d'investigation, mais elle cherchait également des solutions pour améliorer la vie des femmes.

C'est François Arlès-Dufour, un industriel lyonnais, qui lui avait inspiré le sujet, et c'est lui encore qui la soutint lorsque la Sorbonne et l'université d'Aix lui refusèrent la candidature au baccalauréat. Et son soutien ne s'arrêta pas là : le misogyne ministre de l'Instruction publique Gustave Rouland refusait de ratifier le diplôme du baccalauréat de la jeune femme, et Arlès-Dufour n'hésita pas à sensibiliser l'impératrice Eugénie, très engagée alors auprès des pauvres. Touchée par le cas de Julie-Victoire, elle en parla à son mari, Napoléon III, qui obligea Gustave Rouland à signer le diplôme, en mars 1862, soit neuf mois après son obtention.

Les pionnières de la mobilité étudiante

La première femme admise dans une faculté de médecine européenne est **la Russe Nadejda Souslova** (1843-1918). Elle a commencé ses études en 1862 à l'université de Zurich, en Suisse, et obtenu cinq ans plus tard son doctorat en physiologie. Pour la petite histoire, l'écrivain Fiodor Dostoïevski, auteur des *Frères Karamazov*, notait son admiration pour Nadejda dans son *Journal d'un écrivain* (1876). Preuve que la situation évoluait : en 1868-1869, huit étudiantes sont inscrites à Zurich – trois Russes, trois Anglaises, une Américaine et une seule Suissesse. L'année suivante, leur nombre montera à cinquante et un.

En France, en 1887, **la première femme licenciée en droit** est **la Roumaine Sarmiza Bilcescu** (1867-1935). En 1890, celle-ci a également obtenu **le premier doctorat féminin du monde** dans cette discipline, sur « la condition légale de la mère ». La première Française titulaire d'un doctorat en droit – obtenu en 1892 – est **Jeanne Chauvin** (1862-1926).

Entre 1905 et 1913, à l'université de Paris, les étudiantes de l'Europe de l'Est – notamment les Russes et les Roumaines – représentaient plus du tiers des étudiantes, alors que les femmes constituaient moins de 10 % de la population étudiante générale.

La mobilité étudiante féminine a contribué à accélérer l'accès des femmes aux études supérieures, l'ouverture internationale incitant les étudiantes nationales à suivre l'exemple de leurs consœurs étrangères[1].

Dès 1863, deux autres jeunes filles ont suivi l'exemple de Julie-Victoire : Mlle Chenu (Paris) et Mlle Perez (Bordeaux). Près de trente ans plus tard, en 1892, la France comptera dix bachelières. Et en 1920, plus d'un millier…

Quant à Julie-Victoire Daubié, elle mènera une belle carrière, entre la politique, la littérature et le journalisme. Emportée prématurément par la tuberculose en 1874 (elle avait cinquante ans), elle laissera sa thèse de doctorat inachevée : « La condition de la femme dans la société romaine »…

1. *Sources* : Pierre Moulinier, *Les étudiants étrangers à Paris au XIXe siècle. Migration et formation des élites*, Presses universitaires de Rennes, 2012. Ainsi que l'*Encyclopédie d'histoire numérique de l'Europe* (en ligne).

LA PREMIÈRE FEMME ÉLUE EN FRANCE

Elle s'appelait **Joséphine Pencalet** (1886-1972) et elle était bretonne, ouvrière chez Chancerelle, une conserverie de sardines sur le port de Douarnenez, en Finistère sud. Lorsque la « grande grève » des ouvriers éclate en 1924, les revendications portent sur les conditions de travail et sur la revalorisation des salaires. Les affrontements sont parfois violents entre les salariés (dont une majorité de femmes) et les patrons. Joséphine Pencalet, veuve de guerre avec deux enfants à charge, participe à cette révolte aux côtés des autres. Six mois plus tard, elle fait partie des candidates aux élections municipales et, dès le premier tour, est élue conseillère. Pourtant à aucun moment elle n'a fait partie des orateurs recensés au cours des réunions publiques pendant la campagne électorale.

Si vous vous étonnez de sa candidature, sachez toutefois que notre brave Bretonne figurait sur la liste du Parti communiste, qui entendait ainsi répondre aux directives du « grand frère » – l'URSS – de présenter des candidates.

Pendant quelques mois, Joséphine Pencalet siège donc au conseil municipal, mais son élection est invalidée par la préfecture du Finistère et par le Conseil d'État. Motif ? Les femmes n'ayant pas le droit de voter en 1925, elles ne peuvent pas non plus siéger dans une assemblée qui vote…

Le Parti communiste ne réagit pas à cette annulation et laisse tomber Joséphine, qui retourne à sa vie d'ouvrière et à l'anonymat. Sa carrière politique aura été bien brève et sa candidature utilisée par le Parti (qui ne lui a pas donné la parole) comme prétexte pour s'attaquer aux féministes non communistes.

OLYMPE DE GOUGES, PIONNIÈRE DE L'ÉMANCIPATION FÉMININE

(1748-1793)

Le sang même des coupables, versé avec profusion et cruauté, souille éternellement les révolutions.

C'est bien connu, les révolutions dévorent leurs enfants. La Terreur – avec quelque 40 000 morts à son actif entre 1793 et 1794 (décapitations et décès en prison) – en est l'illustration glaçante[1].

1. La violence déchaînée des révolutionnaires français a fait couler beaucoup d'encre, et la plupart des belles plumes se sont dévouées à la justifier d'une façon ou d'une autre, ne serait-ce qu'en la relativisant par la comparaison à la première Révolution anglaise ou à la guerre d'Indépendance américaine. D'autres fois, on a invoqué – en guise d'explication/justification toujours – l'enthousiasme (sic!) de la victoire et son corollaire, la peur d'une vengeance ou la fragilité des acquis. Mais d'où serait alors venue la détestation aveugle entre les acteurs eux-mêmes, censés se trouver dans le même camp? Du premier Tribunal révolutionnaire aux tribunaux de la Terreur, cette violence a-t-elle engendré à la fois le modèle totalitaire, annonciateur des drames futurs (celui de la révolution stalinienne, par exemple), et le modèle démocratique?

Olympe de Gouges fait partie de ces victimes innocentes de la Révolution française, qu'elle avait pourtant servie avec sincérité et conviction dès le début. Condamnée par le Tribunal révolutionnaire, elle fut guillotinée le 3 novembre 1793 (ou, si vous préférez, le 13 brumaire an II). Ses torts ? Avoir osé écrire, dans un pamphlet, que chaque département devait pouvoir choisir sa forme de gouvernement (s'opposant ainsi à l'indivisibilité de la République), avoir pris la défense du roi, et, aussi, avoir trop souvent (et trop fermement) critiqué l'extrémisme des révolutionnaires.

Fille illégitime du marquis de Pompignan, magistrat et écrivain, et d'Anne-Olympe Mouisset, issue de la bourgeoisie, la future Olympe de Gouges porte pour nom de naissance Marie Gouze. Mariée à dix-sept ans, contre son gré, à un marchand, elle devient veuve très tôt, avec un enfant à charge. Elle quitte alors sa province natale pour Paris, et décide de ne pas conserver le nom de son mari (une audace pour l'époque !) mais d'opter pour celui de… Olympe de Gouges.

Cette femme de lettres autodidacte se fraie un chemin dans la société parisienne, soutenue financièrement par son très riche amant Jacques Biétrix de Rosières (qu'elle refusait pourtant d'épouser), propriétaire d'une compagnie de transports. Dans ses écrits, elle dénonce l'esclavage (*Zamore et Mirza ou l'Esclavage des Noirs* ; 1784) et la condition féminine (*Le Mariage inattendu de Chérubin* ; 1786) et s'engage pleine de courage pour la cause des humbles (*Lettre au Peuple ou projet d'une caisse patriotique, par une citoyenne* ; 1788). Mais le texte qui allait la rendre célèbre, même s'il est alors passé inaperçu, est la ***Déclaration des droits de la femme et de la citoyenne***, paru en 1791. Elle l'adresse à Marie-Antoinette et l'a copié sur la Déclaration des droits de l'homme et du citoyen de 1789 : elle y affirme que les femmes sont des êtres de raison au même titre que les hommes. L'égalité qu'elle vise est d'ailleurs totale, allant du droit au divorce à la responsabilité civile, en passant par la reconnaissance des enfants nés hors mariage.

On a l'habitude de rapprocher ce manifeste d'un autre texte féministe, publié en juillet 1790 par Condorcet[1] : *Sur l'admission des femmes au droit de cité*. Son auteur était donc un homme, et il y soutenait la nécessité de rendre aux femmes leurs droits naturels, sans quoi l'instauration d'une société réellement libre et juste ne serait possible. Ainsi, ces deux ouvrages, fondés sur la philosophie du droit naturel, posaient alors les bases du féminisme politique. Hélas, l'un et l'autre des deux auteurs allaient connaître la même fin tragique au cours de la Révolution, en l'an II, à quelques mois d'intervalle[2].

Olympe de Gouges n'est pas la seule à militer pour la reconnaissance de l'identité des droits des deux sexes. Dans les grandes villes comme à Paris, nombreuses sont les femmes qui, comme elle, prennent part aux événements et entendent participer, au même titre que les hommes, à la vie politique de la nation.

Ces « citoyennes » – qui se rendent à l'Assemblée pour assister aux débats (on les appelle « les habituées des tribunes » ou « les tricoteuses », puisqu'elles donnent leur avis tout en tricotant) et

1. Nicolas de Condorcet (1743-1794) est un mathématicien, philosophe des Lumières et homme politique français. Surnommé « l'ami des femmes », il s'est prononcé très tôt pour le vote de ces dernières. C'est donc lui-même un pionnier de l'engagement des hommes en faveur de la cause féminine.
2. Condorcet est Girondin et donc opposé à la peine de mort (il a voté contre l'exécution du roi), affrontant en cela le camp des Montagnards (avec à leur tête Robespierre). Il n'hésite pas à critiquer le projet de Constitution des Jacobins, ce qui lui vaut d'être condamné comme traître et arrêté. Il se suicidera en prison afin d'échapper à la guillotine.

qui forment parfois des clubs spécifiquement féminins[1] – n'obtiendront pas de droits politiques.

Toutefois, ne pensez pas que c'est à cause de ses idées féministes ou de sa *Déclaration des droits de la femme* qu'Olympe de Gouges perdit sa tête. C'est un autre texte, dans lequel elle s'insurgeait contre les crimes de Marat et de Robespierre, qui lui coûta sa liberté et sa vie : ***Les Trois Urnes ou le Salut de la Patrie.*** Humaniste, intègre, autodidacte en politique comme en lettres, elle détestait la violence et œuvrait pour la paix civile. On lui reprocha d'avoir voulu « être homme d'État » et on justifia sa condamnation à mort ainsi : « La loi a puni cette conspiratrice d'avoir oublié les vertus qui conviennent à son sexe. »

Cette grande dame finit donc à la fosse commune. Pierre Aubry, son fils, qui craignait pour sa vie autant que pour sa position d'officier de l'armée révolutionnaire, l'avait reniée. Autres injustices : l'accusation de libertinage[2], voire de folie, que ses adversaires politiques (Restif de La Bretonne, Jules Michelet…) voulant décrédibiliser son combat répandaient sur elle ; puis l'oubli des féministes elles-mêmes.

Enfin redécouverte, aux États-Unis notamment, sa nouvelle « célébrité » est davantage utilisée pour servir une idéologie que pour la connaître et lui rendre hommage…

1. Entre 1789 et 1793, à Paris et en province, il n'y avait pas moins de cinquante-six clubs féminins. Ainsi, la Société patriotique et de bienfaisance des amies de la Vérité, fréquentée par Olympe de Gouges et par Condorcet, ou la Société des citoyennes républicaines révolutionnaires.
2. Précisons tout de même qu'Olympe de Gouges, qui fréquentait les salons parisiens, ne manquait pas de soupirants, dont certains l'auraient soutenue financièrement.

POUR ALLER PLUS LOIN

Olivier Blanc, *Marie-Olympe de Gouges, une humaniste à la fin du XVIIIe siècle*, Éditions René Viénet, 2003.

Catel & Bocquet, *Olympe de Gouges*, Casterman, 2016 (roman graphique).

Élisabeth Badinter, Robert Badinter, *Condorcet, un intellectuel en politique*, Le Livre de Poche, 1990.

ÉLÉONORE D'ARBORÉE, LA PREMIÈRE ÉCOLO DE L'HISTOIRE

(1347-1404)

> Elle comprit rapidement que les femmes étaient aussi intelligentes que les hommes…

Je vous l'accorde, ce titre est un brin ironique, mais il m'arrange bien, alors je le garde, malgré (ou à cause de) mon peu de sympathie pour l'écologie politique actuelle. Naturellement, notre brave Éléonore avait agi avec mesure, en écoutant son bon sens, loin de toute idéologie.

Cette Éléonore-ci, je l'ai découverte grâce à une amie proche, passionnée par l'Italie et spécialiste en histoire de l'art. De tous les portraits féminins réunis dans cet opus, celui-ci m'a le plus donné de fil à retordre en raison du peu d'informations trouvées et aussi de la difficulté d'amener le sujet, lié intimement à l'histoire de la Sardaigne au Moyen Âge. Mais le sel de la vie étant la nouveauté, accepter les défis en fait partie. Alors, lançons-nous avec courage à la découverte de cette figure féminine parmi les plus originales !

On considère habituellement Éléonore d'Arborée, ou plutôt *Eleonora d'Arborea* en italien, comme la femme politique qui a mis à jour l'un des premiers codes de lois modernes en Europe : *Carta de logu,* en langue sarde donc facile à comprendre pour le peuple (son père était à l'origine du texte). Pour juger de la qualité de cette « constitution » ou charte élaborée au XIVe siècle – elle fut promulguée en 1392 ! –, sachez que le roi l'étendit par la suite à l'ensemble de la Sardaigne et qu'elle resta en vigueur jusqu'en… 1827.

Afin de bien comprendre l'action d'Éléonore, un petit détour historique est donc nécessaire. Tout d'abord, il faut noter que la Sardaigne, ayant échappé aux invasions lombardes, se coupait ainsi du continent. Cet isolement relatif (culturellement, la Sardaigne n'a jamais cessé d'appartenir à l'Occident) explique son Moyen Âge « original ».

Du IXe au XVe siècle s'y sont développés les *giudicati*, des divisions administratives qui aspiraient néanmoins à devenir des entités politiques, à savoir quatre États indépendants, démocratiques (puisque les décisions étaient prises par un parlement, la *Corona de Logu*) et souverains (ils ne reconnaissaient aucune autorité au-dessus d'eux) : Torres, Arborea, Gallura et Cagliari. L'originalité de ces *giudicati* par rapport aux autres États de cette époque réside dans le fait qu'ils appartenaient au peuple (alors qu'ils étaient la propriété du souverain dans les autres États), et ce dernier les confiait au juge à travers un jurement. Comme vous l'imaginez, chaque *giudicato* possédait son château et son parlement, une langue et des lois, était protégé par des frontières… Les *giudici* (c'est-à-dire les chefs, car ils détenaient l'ensemble des pouvoirs) étaient désignés par un système mixte électif et héréditaire, qui préférait la ligne masculine. Toutefois, les femmes pouvaient être gouvernantes, portant le titre pour leur mari ou leur fils.

Cette fonction est donc revenue plusieurs fois à des femmes, dont Éléonore d'Arborée, que nous connaissons aujourd'hui notamment grâce à son activité de législatrice. Précision importante, Éléonore n'a pas été véritablement la première *giudichessa d'Arborea* mais, par l'ampleur de son action, elle représente toutes les autres. Car la grande dame d'Oristano (ancienne capitale du judicat) est aujourd'hui à la fois célèbre et ignorée : j'entends par ce paradoxe qu'on dispose de peu de documents à son sujet bien qu'elle soit connue. La légende qui s'est emparée de sa figure en fait à la fois une législatrice érudite et une chrétienne dévouée, une vaillante guerrière et une dame raffinée, une épouse fidèle et une mère affectueuse…

Fille du juge Mariano IV d'Arborée, vaillant guerrier et législateur éclairé (il fut surnommé « le Grand » !), Éléonore naît en Catalogne mais grandit à Oristano (Sardaigne). Elle a un frère aîné, Ugone, et une sœur cadette, Béatrice. En 1297, le pape Boniface VIII confie l'île au roi d'Aragon Jacques II, qui, au début du XIVe siècle, met en cause l'autonomie des *giudicati* et lutte contre leurs dirigeants locaux. Le père d'Éléonore s'oppose alors aux Aragonais. En 1353, il déclenche la guerre sarde-catalane et espère unir tout le territoire sarde et le transformer en province du royaume aragonais.

En 1376, Éléonore épouse le Génois Brancaleone Doria et s'installe à Gênes. Mais en 1383, son frère Ugone III est assassiné. Éléonore retourne aussitôt en Sardaigne et, en se prévalant de la loi sarde qui autorise les femmes à succéder à leur père ou à leur frère, devient juge-régent en attendant que Federico, son fils mineur, soit reconnu comme successeur légitime. Son mari, Doria, s'en va traiter directement avec le roi d'Aragon. Mais il est retenu en otage.

Très vite, la *giudichessa d'Arborea* fait preuve d'une grande intelligence politique, poursuivant l'action de son père. Elle réussit à rassembler les différentes populations sardes dans la lutte contre les Aragonais et à occuper presque toute l'île (à l'exception de Cagliari et d'Alghero), comme son père l'avait voulu.

Grâce à elle, la petite nation sarde bénéficie même d'une Constitution : la fameuse *Carta de logu di Arborea* (Charte de lois), rédigée comme on l'a vu en dialecte sarde et non en latin, qui réglemente les coutumes locales et les institutions juridiques. Parmi les cent quatre-vingt-dix-huit lois de droit civil et pénal, certaines méritent d'être rappelées : le droit de faire appel d'une décision considérée comme injuste ; le droit au divorce pour les femmes, ainsi que celui de refuser un mariage imposé ; la sanction du viol ; le respect de la communauté des biens acquis pendant le mariage ; l'interdiction de déshériter un enfant sans raison valable ; la protection d'un petit rapace – le *Falco eleonorae* (le faucon d'Éléonore) – menacé (déjà !) par le braconnage ; des peines contre ceux qui allumaient des feux… Quand je vous disais qu'elle avait la fibre écolo !

On considère ce code de lois comme la première étape vers ce qui sera l'État de droit, une société dans laquelle chaque membre est soumis à des règles juridiques justes, qu'il connaît et qu'il comprend.

Mais souvent l'histoire est imprévisible, autant qu'injuste. Malheureusement, la peste sévit. Éléonore y succomba en 1404, et la Sardaigne passa alors sous la domination espagnole – sans combat. Et ce jusqu'au début du XVIIIe siècle.

La vie d'Éléonore d'Arborée a ainsi un arrière-goût de tragédie antique…

Les inclassables

Helen Keller (1880-1968)

La duchesse d'Uzès (1847-1933)

Cixi (1835-1908)

Frédégonde (545-597), Brunehaut (543-613),
Wu Zetian (625-705)

HELEN KELLER, LA PREMIÈRE FEMME HANDICAPÉE À AVOIR DÉCROCHÉ UN DIPLÔME UNIVERSITAIRE

(1880-1968)

Je suis surpris de la maîtrise du style que je trouve dans votre lettre. J'en conclus presque que le monde pourrait fort bien aller sans qu'il fût besoin de voir et d'entendre. Peut-être les gens en seraient-ils meilleurs, car ils ne pourraient plus se faire la guerre. Imaginez-vous une armée d'aveugles avec fusils et canons ![1]

Je lisais il y a quelques jours que l'écrivain américain Mark Twain – auteur des célèbres *Aventures de Tom Sawyer* – considérait Napoléon et Helen Keller comme les deux personnages les plus

1. Fragment de la réponse de Samuel Gridley Howe (1801-1876) – médecin américain, défenseur de l'éducation pour les aveugles et premier directeur de *Perkins Institution* – à Helen. La lettre dont provient cet extrait date du 1er août 1890.

fascinants du XIXe siècle. Rien que ça ! Cependant, vous vous en doutez, l'empereur français et Helen Keller ne jouaient pas dans la même cour. Mark Twain prenait en compte leurs qualités respectives, ainsi que leur parcours en rapport avec leur projet de vie. Vous comprenez donc que la femme qui fera l'objet de ces lignes mérite amplement sa place ici.

Helen Keller est née en 1880, dans l'État d'Alabama (États-Unis). Elle a prononcé ses premiers mots le jour de son premier anniversaire, en même temps qu'elle a enchaîné ses premiers pas. Hélas, sept mois plus tard, cette petite fille vive et précoce est victime d'une infection grave, qu'elle surmontera mais dont elle gardera des séquelles sévères : Helen sera, pour le restant de sa vie, aveugle, sourde et muette. Le monde autour d'elle s'était d'un coup obscurci et tu. Cela fut terrible ! Et ses chances de parler un jour semblaient alors inexistantes.

Heureusement, l'histoire d'Helen ne s'arrête pas là. L'année de ses sept ans, ses parents la font examiner par le docteur Alexander Graham Bell. Celui-ci menait alors des recherches prometteuses sur l'audition et enseignait aux sourds-muets le langage par signes. Entre autres inventions, ce remarquable personnage avait mis au point un appareil[1] qui traduisait les oscillations acoustiques en oscillations électriques. Il recommande donc à la famille d'Helen Keller les services d'Anne Mansfield Sullivan, afin que l'éducation de leur fillette lui soit confiée. Et ce fut une opportunité car, par son expérience personnelle, Miss Sullivan n'était pas une éducatrice comme les autres : elle-même était devenue aveugle à un jeune âge, avant de retrouver en partie la vue grâce à une intervention chirurgicale. Par ailleurs, elle avait

1. Alexander Graham Bell (1847-1922) a déposé, en 1876, le brevet du téléphone. Il a réalisé de nombreuses autres inventions, notamment dans le domaine des télécommunications optiques et de l'aéronautique.

intégré la *Perkins Institution for the Blind* de Boston, une école pour aveugles où elle avait appris l'alphabet manuel, la lecture et l'écriture, en plus d'avoir connu les méthodes d'enseignement novatrices qu'on y appliquait, comme celle d'utiliser les caractères en relief tracés sur de petits morceaux de bois.

C'est d'abord par le toucher que, petit à petit, Helen réussit à se libérer et à sortir de sa prison obscure et muette. Toutefois, les résultats ne viennent pas immédiatement. Mais, par l'intermédiaire de cette éducatrice patiente, le langage vient à elle : chaque objet a un nom, et c'est une réelle joie pour la petite Helen que de le découvrir. Mais les abstractions, comment faire pour y accéder ? On ne touche pas une pensée, ni un sentiment... Un jour, alors qu'elles s'exercent à classer des perles et que la concentration est à son maximum, Miss Sullivan a l'idée de se toucher le front et d'épeler, dans la main d'Helen, le verbe « penser ». Par la suite, la notion allait être maintes fois approfondie... Mais que dire de l'apprentissage de la géographie ? Dehors, les cheveux au vent, humant les parfums des saisons, Miss Sullivan et son élève réalisent des cartes en relief. Ce n'étaient ni les cailloux, ni le sable, ni les coquillages, ni l'écorce des arbres, ni les lacs, ni les autres éléments naturels qui manquaient. Quelle merveille de dessiner ainsi méridiens et parallèles, pôles, continents et formes de reliefs ! Sensible à la beauté à travers ces innombrables et ingénieuses expériences autour du tactile, du gustatif, du kinesthésique et de l'olfactif, Helen revit. Son monde s'enrichit, frémit, et il lui arrive même de scintiller... À dix ans, Helen arrive à prononcer sa première phrase : « Il fait chaud. »

Eh oui, l'histoire de cet apprentissage original est elle-même extraordinaire ! Helen avait ainsi appris l'anglais oral et même – tenez-vous bien – le français ! Les jeunes sont aujourd'hui de moins en moins volontaires pour lire les classiques[1] ! Helen Keller, elle, les a lus de son plein gré : La Fontaine, Molière, Racine… Mieux encore, la jeune fille sourde et aveugle est parvenue à écrire. Au point de devenir elle-même écrivain.

Étape importante, à seize ans, Helen entre à l'école de Cambridge au milieu de jeunes filles qui voient et qui entendent ! Et tout comme celles-ci, Helen étudie l'arithmétique, l'histoire, la littérature, l'anglais, le latin, le grec et l'allemand. Certes, elle a fait du chemin, mais tout de même, la tâche reste énorme. Bien sûr, si je vous en parle, c'est qu'elle en est venue à bout. L'adolescente sera reçue dans toutes les matières aux examens préliminaires du *Radcliffe College* (elle est alors assistée d'un lecteur en alphabet manuel et munie de sa machine en braille), puis trois ans plus tard, à dix-neuf ans, elle passe avec brio les dernières épreuves d'entrée au *Radcliffe College* (cette fois-ci elle n'a droit qu'à un seul aménagement : une copie des énoncés en braille américain). L'année suivante, elle franchit le seuil de la plus fameuse université des États-Unis, celle de Harvard, à Cambridge. Et elle s'en donne à cœur joie avec ses lectures : Homère, Virgile, Shakespeare, Goethe, Balzac, Victor Hugo, Alfred de Musset, Mérimée et même Sainte-Beuve… Quand je vous disais que son monde s'élargit, je ne vous mentais pas !

Et en juin 1904, Helen obtient – à vingt-quatre ans – le diplôme du prestigieux *Radcliffe College* de l'université de Harvard, avec mention bien. Bravo Helen !

1. Récemment, sous la pression d'une idéologie à relents totalitaires, l'université de Princeton (USA) a supprimé l'obligation d'apprendre le latin et le grec pour les étudiants en… lettres classiques (sic). Les futurs diplômés ne seront donc bientôt plus capables de lire un mot en langues anciennes. Un lieu de savoir devient ainsi lieu d'ignorance. Quelle tristesse !

POUR ALLER PLUS LOIN

Helen Keller, *Sourde, muette, aveugle. Histoire de ma vie*, Payot, coll. « Petite Bibliothèque Payot », 2001.

LA DUCHESSE D'UZÈS, PREMIÈRE FEMME À AVOIR OBTENU SON PERMIS DE CONDUIRE AUTOMOBILE

C'est par pur hasard que je me suis intéressée aux pionnières de l'automobile. À l'apparition de ce nouveau moyen de locomotion, les femmes se sont contentées d'être passagères, laissant à l'homme le volant[1]. Pourtant, très vite, la publicité n'a pas hésité à solliciter les femmes en les faisant figurer sur les affiches : leur élégance faisait pendant à la beauté de la carrosserie, tandis que leur simple présence portait un message de tranquillité et de confort. Le pas suivant dans la démocratisation de la voiture a joué sur l'aisance de la conduite : montrer une femme au volant, c'était dire à quel point il était facile de conduire. Un vrai jeu d'enfant (si même une femme en était capable...) !

Sans surprise, entre 1890 et 1914, les premières femmes à prendre parfois le volant sont les épouses ou les veuves des inventeurs ou des constructeurs : Mme Lenoir, Mme Bollée, Mme Levassor. Mais celles que l'on peut considérer comme les pionnières de l'automobilisme féminin en France sont **Camille Du Gast** (première femme licenciée de l'Automobile Club de France et première femme à participer à une course

1. La production industrielle de l'automobile démarre à la fin du XIXe siècle. Pour vous donner une idée, de 1900 à 1914, la proportion des femmes titulaires du permis de conduire a été de moins de 1 %. C'est lors de la Première Guerre mondiale que la situation commence à changer. Le taux féminin de détention du permis de conduire augmente alors avec l'apparition des premières mécaniciennes et des premières conductrices d'ambulances, de tracteurs, d'autobus et de taxis.

automobile) et **la duchesse d'Uzès** (première femme à avoir obtenu, en 1898, le certificat de capacité pour la conduite des véhicules[1], ancêtre du permis de conduire). Une bourgeoise et une aristocrate !

C'est de l'aristocrate que j'ai choisi de vous entretenir dans ce qui suit. Et pour cause, la personnalité peu banale de celle qu'on appelle « la duchesse d'Uzès », son esprit d'ouverture, sa générosité et ses nombreux talents artistiques, au point qu'on la surnommait « la duchesse touche-à-tout », m'ont épatée.

Voici le portrait que brosse d'elle Pierre Plessis et qui vous donnera, je l'espère, envie de découvrir cette grande dame :

« *Au temps de Jehanne d'Arc, cette femme de France eût guerroyé sur les routes bleues... Au temps des Chouans, elle eût rallié dans le Bocage les chevauchées vendéennes... Au temps des héros de Verdun, elle a pleuré...*

Jamais pareille à ses semblables, toujours semblable à son image, elle fut profondément bonne. Portant avec simplicité un nom plus lourd que sa richesse, elle préférait agir que de se plaindre, guérir que de plaindre les autres. »

Marie Adrienne Anne Victurienne Clémentine de Rochechouart-Mortemart – vous ne m'en voudrez pas de l'appeler par la suite « la duchesse d'Uzès », voire « Anne », son prénom usuel, surtout si je vous dis que ce dernier lui a été donné en souvenir de son grand ancêtre, le connétable Anne de Montmorency (1493-1567), illustre personnage ayant servi François Ier et Charles IX, qui lui-même l'a hérité de sa marraine, une certaine Anne de Bretagne... Et puisqu'on y est, la duchesse comptait également parmi ses aïeuls la fameuse dame de Champagne, plus connue comme « la veuve Clicquot[2] »... (J'aime assez ces liens qui nous lient à la fois au

1. Il avait été introduit en 1893 et était réservé aux hommes.
2. Barbe-Nicole Clicquot-Ponsardin (1777-1866), propriétaire de la maison de champagne Clicquot, qu'elle a reprise à la mort de son mari, a marqué l'histoire du vin par sa façon de conduire le domaine viticole, en s'intéressant à la science et en s'entourant de personnes talentueuses. La duchesse d'Uzès est son arrière-petite-fille.

passé et au futur, qui nous rapprochent les uns des autres et qui nous attachent tout en nous donnant des ailes…) Mais revenons à notre phrase restée incomplète et au sujet qui nous attend. Anne devint duchesse d'Uzès à la suite de son mariage avec Emmanuel de Crussol d'Uzès[1]. C'est une histoire somme toute romantique : Anne a d'ailleurs failli devenir reine, puisque l'héritier du royaume de Serbie lui a demandé sa main – cela l'a fait sourire : elle est alors déjà fiancée à Emmanuel et follement amoureuse de lui. Leur mariage a lieu en 1867 et conjugue deux fortunes considérables (je n'en dresserai pas ici l'inventaire) et deux noms prestigieux. La vie mondaine étourdit d'abord la jeune épouse qui ne s'intéresse pas encore à la politique. Seulement, elle est curieuse et elle apprend vite, devenant par la suite une vedette incontestable de la Belle Époque, que ce fût par son action politique, par ses activités mondaines ou féministes, par ses exploits artistiques ou sportifs… La mort prématurée de son mari en 1878 l'obligera à se prendre en main et à élever seule leurs quatre enfants.

Anne d'Uzès fut donc une pionnière du permis de conduire mais aussi… de la contravention pour excès de vitesse ! Au bois de Boulogne, le 3 juillet 1898, elle avait roulé à 40 km/h, dépassant ainsi la vitesse autorisée de… 20 km/h.

L'Automobile Club de France n'acceptant pas les femmes entre ses rangs, Anne eut l'idée de créer en 1926 l'Automobile Club féminin (mais oui, il fallait y penser !), dont elle fut la présidente jusqu'à sa mort. Entre autres « records », la duchesse fut aussi la première femme lieutenant de louveterie[2] : comprenez par là qu'elle aimait chasser le loup (et elle ne méprisait pas

1. Emmanuel de Crussol (1840-1878), duc de Crussol puis duc d'Uzès, est un militaire et homme politique français.
2. Le corps de la Louveterie a été créé au IXe siècle par Charlemagne dans le but de protéger la population des nuisibles, dont le loup passait pour « le plus nuisible de tous ». La fonction de lieutenant de louveterie est devenue honorifique de nos jours, mais les louvetiers continuent à contribuer à la régulation du nombre de loups dans le sud-est de la France, où le loup est présent.

non plus la vénerie, c'est-à-dire la chasse à courre du cerf, du sanglier, du renard, etc.).

Pendant la Première Guerre mondiale, lorsqu'elle ouvre son château de Bonnelles, dans les Yvelines, aux blessés de guerre (1914-1918), Anne ne fait pas les choses à moitié. C'est elle qui finance entièrement cette annexe de l'hôpital de chirurgie de Rambouillet et elle suit même (à soixante-sept ans!) une formation d'infirmière afin d'offrir des soins de qualité aux malades. À l'initiative du chirurgien Maurice Marcille, elle soutient financièrement la création des unités chirurgicales automobiles qui, pendant toute la durée du conflit, se déplacent d'un front à l'autre. Après la fin des combats, la voilà qui préside l'Association nationale pour la protection des veuves et des orphelins de guerre. Et si la place de l'église de Bonnelles porte aujourd'hui son nom, c'est en remerciement pour son partage de l'eau du château avec les villageois lors de la sécheresse de 1929.

À la fois royaliste et féministe, notre duchesse n'hésite pas à soutenir le général Boulanger à renverser la République, mais aussi son amie anarchiste Louise Michel. La politique fait partie des domaines qui l'intéressent: Anne d'Uzès est à l'origine d'une loi permettant à la femme de disposer de son salaire. Cette loi, votée en 1907, ne sera malheureusement appliquée qu'en 1965.

Et puis, derrière cette femme énergique et efficace, se cache aussi une artiste sensible, aux goûts sûrs. Sculptrice de talent (pseudonyme: Manuela), la duchesse avait un atelier à Paris, dans le quartier des Ternes, où elle a réalisé plusieurs de ses œuvres, notamment religieuses. Enfin, elle trouve la disposition et le temps de rédiger ses *Souvenirs*, en nous livrant son époque en même temps que sa vie fascinante et, avouons-le, par bien des côtés paradoxale.

POUR ALLER PLUS LOIN

Duchesse d'Uzès, *Souvenirs 1847-1933*, Éditions Lacurne, 2014.

LE SAVIEZ-VOUS ?

Qui ne connaît pas l'expression « En voiture, Simone ! C'est moi qui conduis, c'est toi qui klaxonnes ! » ? Peu savent, cependant, que la Simone en question a été une pionnière (et championne)… du volant, bien sûr. Son nom complet était **Simone Louise de Pinet de Borde des Forest** (1910-2004). Elle avait décroché son permis de conduire en 1929, à dix-neuf ans, et, l'année suivante, elle se lançait courageusement dans la course automobile, soutenue par sa mère, qui devint même sa copilote. Cela a dû en secouer plus d'un à l'époque !

Non seulement ses talents dans le sport automobile sont reconnus (elle a tout de même battu une vingtaine de records en course !) – en plus d'être à l'origine de la fameuse phrase –, mais nous saluons en elle **la première femme à avoir ouvert une auto-école**. Et pour couronner le tout, en 1934, elle a participé au rallye automobile Monte-Carlo avec son amie Fernande Hustinx au volant d'une Peugeot 301 : ces 3 772 km n'ont pas été tristes… Simone en a consigné les péripéties elle-même dans un carnet de voyage, joliment illustré de ses propres dessins : *3 772 kilomètres par deux jeunes filles* (1930). Chapeau, Simone !

L'IMPÉRATRICE CIXI, PIONNIÈRE DU POUVOIR POLITIQUE

(1835-1908)

> Elle compte parmi les pionnières
> du pouvoir au féminin dans un pays
> où le poids de la tradition restait considérable.

Tout commença au printemps 1852, avec cette jolie jeune fille sélectionnée lors de la campagne annuelle visant à choisir les concubines impériales. On ne connaît pas son prénom ; cela importait peu en ce siècle-là quand il s'agissait d'une fille. Mais nous savons qu'elle était mandchoue, issue donc de ce peuple originaire d'une région au nord-est de la Grande Muraille. Lorsque la dynastie Ming avait été renversée, en 1644 pendant une révolte paysanne, les Mandchous étaient passés de l'autre côté de la Grande Muraille, avaient asservi les Hans (les Chinois indigènes) et fondé une nouvelle dynastie : les Qing. Néanmoins, les Mandchous avaient fini par adopter la culture des Hans, un peu comme les Romains l'avaient fait avec les Grecs. Leur empire était très puissant, et beaucoup plus vaste que le territoire actuel de la Chine.

Mais revenons au XIXe siècle, à Cixi, la future impératrice douairière élue lors de la cérémonie susmentionnée. Celle-ci devait être charmante et au caractère bien trempé, d'abord puisqu'elle avait attiré l'attention de l'empereur, ensuite parce qu'en l'espace de quelques années seulement elle allait réussir à s'emparer du pouvoir dans ce vaste pays du Levant. Comment cela a-t-il pu arriver ?

La famille de la future Cixi était prestigieuse et matériellement aisée, ce qui valut à la petite une enfance insouciante et une éducation raffinée. Toutefois, un événement extérieur vint la bousculer : la première guerre de l'Opium, qui avait opposé la Chine à la Grande-Bretagne entre 1839 et 1842, entraîna une période de restrictions, la Chine devant verser des indemnités importantes. Une enquête ordonnée par l'empereur (le père du futur époux de notre Cixi) révéla la volatilisation par le passé d'une importante somme d'argent. L'investigation ne donna pas d'informations claires et le souverain décida d'imputer la perte à l'ensemble des gardiens en poste au cours des… quarante-quatre années précédentes. Que voulez-vous, autre époque, autres mœurs ! Cette mesure eut une conséquence notable sur la famille de la future Cixi. En effet, son arrière-grand-père devint ainsi débiteur d'un montant démesurément élevé. Vous avez bien lu, il s'agissait de son arrière-grand-père, bien décédé à ce moment-là. Si celui-ci n'était plus en état de s'acquitter de la dette, il avait un fils (le grand-père de la demoiselle) qui à son tour en avait un… Et sa descendance devait payer cette dette sans trop de délai. C'est ainsi qu'à onze ans la future Cixi, aînée de la fratrie, fut mise dans la confidence par son père, qui lui fit part des difficultés financières de la famille. Encore plus étonnant, on tint compte de son avis et elle contribua ainsi à résoudre ces difficultés. Très intelligente, la petite fille avait imaginé une stratégie ingénieuse pour réunir l'argent dû (vente des biens, demande de prêt et autres mesures de ce genre)… Son père se serait alors exclamé : « Ma fille est en réalité comme un fils pour moi ! »

Cet épisode a son importance, vous vous en doutez bien. La future Cixi (ce n'est vraiment pas pratique de ne pas avoir un prénom à soi !) continua donc d'être traitée en garçon à la maison ; autant dire qu'elle prit part à des conversations sérieuses réservées habituellement aux seuls hommes. On suppose que c'est de cette manière qu'elle commença à s'intéresser à la politique et prit conscience de ses capacités intellectuelles. Elle comprit rapidement que les femmes étaient aussi intelligentes que les hommes…

Les années passèrent, l'empereur mourut, cédant la place à son fils de dix-neuf ans : Xianfeng. Ce dernier était de santé fragile et boitait à la suite d'un accident de chasse. On le surnommait le « dragon boiteux ». Et nous voilà revenus au moment de la sélection des concubines, qui avait lieu le lendemain du couronnement, selon la coutume ancestrale. J'imagine cet événement comme un concours de beauté : les jeunes filles, triées sur le volet (âge, origine, apparence devaient jouer), paradaient devant le souverain. Il paraît que leur patronyme pesait lourd, mais tout de même un peu moins que leur « caractère ». Ce point, j'avoue, me déstabilise un peu… La grâce, la douceur, la modestie étaient bien évaluées (des qualités féminines !), mais le physique comptait moins. Exit donc nos concours de Miss axés sur l'apparence !

Cixi n'était pas franchement belle, mais elle avait un maintien distingué et ses yeux – très expressifs – brillaient comme des diamants. Bien plus tard, un général et Premier ministre du pays, dont la sévérité était proverbiale, avouait son embarras lorsque le regard de Cixi se posait sur lui : « Je ne sais pas pourquoi la sueur ruisselait tout à coup sur mon front. Je devenais très nerveux. » Est-ce son regard qui tapa dans l'œil de l'empereur ce jour-là dans la Cité interdite ? Toujours est-il que, parmi les centaines de candidates, elle réussit à se faire remarquer.

Mais poursuivons. L'heureuse élue fut installée au harem du palais et, à cette occasion, on lui fit cadeau d'un… nom : *Lan*, à savoir « magnolia », « orchidée ». Il était temps, me direz-vous ! Eh bien ce nom dérivé paraît-il de son patronyme ne convint pas à la jeune fille. Elle allait en changer dès que l'occasion se présenterait.

La loi salique : entre l'histoire et la légende

La loi salique remonte à l'époque des Francs Saliens, entre le IVe et le VIe siècle, et à leur code de droit pénal, qui a connu des remaniements successifs. Ces textes de nature législative avaient pour but de fixer les sommes dues par les auteurs de délits ou de crimes, et ne contenaient pas de règle excluant les femmes du trône. Cependant, les dernières versions limitent les droits successoraux des femmes, quel que soit leur statut.

Mais l'expression désigne également une règle successorale forgée bien plus tard, au cours du XVe siècle, qui stipule qu'en France les femmes ne peuvent ni hériter ni transmettre la couronne. Le lien entre les deux est un article présent dans le droit des Francs Saliens qui a été interprété (voire falsifié, selon certains) pour fonder cette disposition successorale sur la « nécessaire masculinisation du trône ». On a nommé cette dernière « loi salique » en choisissant stratégiquement la période où le royaume a été fondé. Ainsi, grâce à son « ancienneté », elle devenait en quelque sorte consubstantielle au pays.

Entre le IXe et le XIVe siècle, plusieurs grandes reines gouvernent : Clothilde, Frédégonde, Brunehaut (ou Brunehilde), Anne de France (fille de Louis XI), Blanche de Castille, Isabeau de Bavière…

Paradoxalement, la Révolution française a inscrit cette règle conçue et développée au XVe siècle dans la première Constitution. « L'exclusion perpétuelle et absolue des femmes et de leur descendance » se retrouvera par la suite dans toutes les Constitutions monarchistes et impériales. Quant aux Constitutions républicaines, elles se contentaient de parler au masculin. Et cela jusqu'en 1944.

Reprenons les faits : concubine impériale de sixième rang (sur les huit échelons que comprenait la hiérarchie), Cixi peina au début à s'attirer la bienveillance de son souverain, qui aimait, semble-t-il, les plaisirs de la chair. L'empire était alors secoué par les révoltes paysannes, dont celle de Taiping, qui fut la plus grande de toute l'histoire de la Chine. Les désastres pleuvaient, le chaos menaçait. La situation empirait de jour en jour. Les rebelles attaquèrent la ville dans laquelle le père de Cixi s'était établi pour gouverner une région de vingt-huit comtés, et cette attaque poussa celui-ci à quitter son poste. Or l'abandon de ses fonctions était alors sanctionné par la décapitation. À l'été 1853, la peur et la tension eurent raison de ce fonctionnaire épuisé : il tomba malade et décéda. Cixi en prit un coup et s'imagina – à tort, hélas ! – qu'elle pouvait suggérer à son impérial époux des solutions face aux soulèvements, comme elle l'avait fait autrefois dans sa famille. Elle enfreignait par là une règle ancestrale qui interdisait toute intervention des concubines royales dans les affaires du royaume. Xianfeng traita donc Cixi avec hauteur, voire avec mépris, et en référa à l'impératrice Zhen, dont le rôle principal était de régenter les autres concubines et les domestiques. Courageuse, l'impératrice prit la défense de Cixi et alla même plus loin : elle la protégea et en fit son amie. Les deux femmes allaient devenir des alliées, et à aucun moment, par la suite, Cixi ne complota contre l'impératrice Zhen.

Lorsque, peu de temps après, Cixi fut promue au cinquième rang des concubines, elle en profita pour changer de nom, se faisant appeler *Yi*, c'est-à-dire « Exemplaire ». Pas besoin de vous préciser que ce choix était tout sauf innocent…

Ceci est bien beau, et nous nous réjouissons de sa petite victoire, mais nous ne savons toujours pas comment elle s'est débrouillée pour atteindre ses objectifs vu qu'elle ne pouvait parler politique avec l'empereur… Eh bien vous n'allez pas le croire : dans un premier temps, la musique et l'art contribuèrent à les rapprocher. Tous deux partageaient en effet un goût pour la peinture et la calligraphie, une passion pour la musique et l'opéra. Puis Cixi accoucha d'un fils, premier descendant de sexe masculin de Xianfeng, ce qui valut à l'heureuse mère une nouvelle promotion. Pour la petite histoire, ce précieux bébé, prénommé Zaichun, reçut dans sa première année de vie quelque neuf cents cadeaux (des objets en or, en argent, des gemmes, etc.) et cinq cents habits et parures. Nous sommes d'accord, c'était exagéré, mais il faut savoir qu'à cette époque – pas si reculée – tout prétexte était bon, en Chine, pour offrir et recevoir des présents.

Entre-temps, la situation, à l'intérieur comme à l'extérieur des frontières, continuait d'empirer. Vous vous rappelez la première guerre de l'Opium à la fin des années 1830, qui avait tant affaibli la Chine… Eh bien voilà la deuxième qui arrive. Le pays était fermé aux étrangers depuis bien longtemps : dans la seconde moitié du XVIIIe siècle, l'empereur Qianlong « le Magnifique », soucieux de contrôler son empire, voyait d'un très mauvais œil les contacts entre les Occidentaux et ses sujets. Il leur avait alors interdit le commerce, à l'exception du port commercial de Canton, et avait chassé les navires marchands britanniques. Ses successeurs avaient continué sa politique sous prétexte que la Chine n'avait pas besoin de produits européens. Toutefois, la population chinoise avait fortement augmenté et l'économie traditionnelle ne parvenait pas à soutenir cette croissance. Après la première guerre de l'Opium, les frontières de l'empire s'étaient un peu ouvertes, entre autres aux missionnaires religieux, malgré la volonté de l'empereur. Xianfeng, son fils, avait été élevé dans la haine des Occidentaux, et ce fut d'ailleurs la raison pour laquelle son père l'avait désigné comme successeur au détriment de ses frères. Sur les neuf fils du vieil empereur, il est vrai, deux seulement avaient l'âge de gouverner, mais l'un d'eux, le prince Gong, avait été écarté par prudence, puisqu'il était conciliant de nature et donc susceptible d'autoriser une plus grande ouverture de la Chine vers l'Occident.

Vous voilà maintenant au courant du contexte, mais revenons à notre sujet: la concubine Cixi. Celle-ci menait sa vie dans le harem et veillait sur son fils, sans s'impliquer dans la crise. Elle se trouvait aux premières loges et pourtant était contrainte de se taire. Il faut l'imaginer en spectatrice muette alors qu'elle mourait d'envie de se faire entendre…

Son heure ne tarda pas à venir. Tombé malade, Xianfeng mourut le 22 août 1861. Juste avant de rendre l'âme, il avait fait connaître ses dernières volontés: Zaichun, son unique fils, devait lui succéder au trône. L'enfant n'ayant que cinq ans, le pays avait de toute évidence besoin de régents. Cependant, les proches de l'empereur s'étaient montrés jusque-là de piètres conseillers et avaient largement contribué à la situation calamiteuse que traversait l'empire. Cixi l'avait depuis longtemps compris, comme elle comprenait aussi que sa position à la cour ne lui donnait aucun pouvoir, aucune influence. Elle n'était ni mère officielle du nouvel empereur ni impératrice douairière, comme l'impératrice Zhen. La solution vint des archives de la cour que les deux femmes s'empressèrent de consulter: le même cas de figure s'était présenté par le passé, en 1662, lorsqu'une simple concubine avait reçu le titre d'impératrice douairière et l'avait partagé avec l'impératrice douairière déjà en place. Et c'est ainsi que celle que nous avons appelée jusqu'ici « Cixi », faute de connaître son vrai nom, le devint. Ce nom honorifique signifiant « bienveillante et joyeuse » vint compléter le titre d'impératrice douairière tant convoité. De son côté, l'impératrice Zhen avait adopté celui de « Ci'an », à savoir « bienveillante et sereine », afin qu'elles puissent être différenciées. Je précise qu'elles avaient alors respectivement vingt-cinq et vingt-quatre ans.

Une fois ce problème de fond réglé, les deux jeunes femmes décidèrent d'affronter ensemble le conseil de régents, soit huit hommes puissants en charge des affaires de l'État. Comprenez que ce n'était pas une action banale : si leur coup d'État échouait, elles allaient être accusées de haute trahison et condamnées à mort par le terrible supplice du *lingchi* (la mort des mille coupures). Seulement, qui ne tente rien n'a rien : persuadées que c'était de leur devoir de sauver leur fils (car elles avaient toutes les deux la charge de Zaichun) et la dynastie, les deux reines mirent au point un plan ingénieux. Depuis deux cents ans, les empereurs Qing avaient pris l'habitude d'écrire leurs décisions les plus importantes à l'encre écarlate : c'était le gage de leur authenticité. Or l'enfant-empereur ne pouvait manier le pinceau. Le conseil d'État avait beau promulguer ses décrets, rien ne prouvait leur autorité… Voici donc la faille (il y en a toujours !). L'idée de Cixi est subtile et force l'admiration : l'empereur défunt, précautionneux, aurait remis deux sceaux identiques, l'un à son héritier, l'autre à l'impératrice Zhen, afin d'authentifier les documents sans avoir besoin de recourir à l'encre écarlate. L'autorité des sceaux fut donc reconnue. Leur habile utilisation permettrait – le temps venu – de faire contrepoids au conseil des régents. Ce fut grâce à eux que passerait l'édit ordonnant l'arrestation des régents…

Ce premier pas franchi, les deux jeunes femmes poursuivirent leur plan courageux. Elles firent alliance avec le prince Gong, le demi-frère de l'empereur Xianfeng, celui qu'on avait écarté du trône en raison de son caractère accommodant et de sa flexibilité vis-à-vis des Occidentaux. Cixi appréciait le tempérament, la loyauté, le sens de l'honneur et le peu d'ambition personnelle du prince Gong. Un autre allié dans l'affaire du coup d'État fut le prince Chun, mari de la sœur cadette de Cixi.

Non, nous ne sommes pas au cœur d'une intrigue romanesque complexe, mais bel et bien dans la réalité… et celle-ci s'avère parfois bien plus imaginative que la fiction. Je vous épargne les étapes et les détails de ce coup d'État minutieusement pensé. Il entraîna la mort de trois personnes, dont une exécution et deux « offrandes de la soie ». Ce joli nom cachait une réalité bien plus sordide : le pouvoir impérial pouvait commander le suicide d'une personne tombée en disgrâce et le lui faisait savoir en lui envoyant une longue écharpe en soie blanche en guise de corde de pendu.

Que les régents – des hommes puissants, rompus au pouvoir – aient si peu opposé de résistance, qu'ils soient tombés sans que l'opinion publique les défende un tant soit peu, semblent accréditer l'idée que Cixi allait dans le sens du plus grand nombre. L'histoire vint encore une fois au secours de la jeune femme : mille sept cents ans auparavant, d'autres impératrices douairières chinoises s'étaient retrouvées dans sa situation, devant encadrer leur jeune fils le temps que celui-ci atteigne la majorité. On se garda néanmoins de mentionner parmi elles Wu Zetian (624-705 ; voir l'encadré plus loin), qui s'était explicitement fait proclamer « empereur »…

Le 9 octobre 1861, Cixi s'installait souveraine, tout en promettant que le jour venu son fils, couronné empereur sous le nom de Tongzhi (« ordre et prospérité »), prendrait la relève. Elle avait alors vingt-six ans.

Ce n'est pas pour rien si nous nous sommes attardés sur l'ascension de Cixi. Une fois arrivée au pouvoir, elle a mis en place une nouvelle politique, ouvrant la Chine vers le monde extérieur et entamant sa modernisation : chemin de fer, électricité, armée, école, presse… les chantiers furent nombreux. En fait de société, elle interdit la pratique des pieds bandés ou pieds de lys[1] qui a causé tant de souffrance aux femmes. Elle compte parmi les pionnières du pouvoir au féminin dans un pays où le poids de la tradition restait considérable. Mais ce qui m'a le plus impressionnée dans son histoire, c'est le décalage entre, d'un côté, ses aspirations de modernité conjuguées à son ambition de régner et, de l'autre, l'acceptation humble de sa condition de femme qui était un handicap non négligeable à l'exercice du pouvoir. En tant que femme, elle n'avait pas pu assister à la cérémonie de couronnement de son fils, puisque la partie principale de la Cité interdite était inaccessible à la gente féminine. Par ailleurs, toutes ses résolutions, tous ses décrets, elle les a promulgués au nom de son fils, ne possédant pas de légitimité réelle. Ses audiences avaient lieu derrière un paravent. Et malgré les nombreux obstacles, Cixi a courageusement mené ses réformes et tenu tête à ses concitoyens réactionnaires, comme elle a tenu tête aussi aux Européens, aux Japonais et aux Russes…

POUR ALLER PLUS LOIN

Jung Chang, *Cixi l'impératrice*[2], JC Lattès, 2015.
Shan Sa, *Impératrice*, Le Livre de Poche, 2021 (roman).
René Grousset, *Histoire de la Chine*, Fayard, 1942.

1. Cette coutume remontait au xe siècle et consistait à bander les pieds des filles en enroulant les orteils et en les incrustant sous la voûte plantaire comme une corolle de lys, afin de les rendre aussi petits que possible. Les « petits pieds » qui en résultaient engendraient une démarche très particulière, très « légère ». La mode en fit un canon de beauté absolu et la pratique se répandit du harem impérial à toutes les couches de la population.
2. Cette biographie se lit comme un roman.

LA FEMME QUI A FAILLI RÉGNER SUR LA FRANCE

Je vous vois venir : et Blanche de Castille ? Et Louise de Savoie ? Et Catherine de Médicis ? Et Anne d'Autriche… ? On les oublie ? Bien sûr que non. Mais elles n'ont été que régentes. Dès que leur mari était revenu de la guerre ou que leur fils était devenu majeur, elles se retiraient de la scène politique et rendaient le pouvoir à l'homme.

Et pourtant, au XIe siècle, une femme fut à deux doigts de devenir reine de France : **Isabelle-Claire-Eugénie de Habsbourg** (1566-1633), infante d'Espagne et archiduchesse des Pays-Bas.

Écoutez cette histoire assez peu connue. L'époque est trouble, les guerres de Religion font rage. Le massacre de la Saint-Barthélemy (1572) est encore dans les mémoires. En 1584, le duc d'Anjou – dernier fils d'Henri II et de Catherine de Médicis – meurt de tuberculose. Cinq ans plus tard, Henri III, roi de France, disparaît à son tour sans laisser d'héritier. Et c'est ainsi que Philippe II, roi d'Espagne, peut revendiquer les droits d'Isabelle, sa fille aînée, à la couronne de France. Certes, il faudra compter avec Henri de Navarre (le futur Henri IV), huguenot mais successeur naturel au trône en vertu de la loi salique. En effet, Isabelle est petite-fille d'Henri II par sa mère Élisabeth, et donc la plus proche parente du feu roi. L'argument principal vient du Code Justinien[1], qui n'exclut pas de la succession les femmes dont le degré de parenté est plus proche que celui des hommes.

Oui, mais la coutume veut qu'en France les femmes ne règnent pas. Et cette coutume spoliatrice et injuste, d'où vient-elle ? Elle s'est établie au fil du temps, entre la mort de Louis X le Hutin, en 1317, quand Philippe V écarte du trône Jeanne,

1. Le Code Justinien est un corpus de lois élaboré sous l'empereur byzantin Justinien (482-565). Compilé du droit romain, il a eu une influence importante dans l'Europe médiévale. Le principe de la succession par ordre de primogéniture des femmes au degré le plus rapproché, à défaut de mâles, y est inscrit.

la fille du premier, et l'instauration de Charles VII (1429). Peu à peu, elle va s'ériger en règle[1].

Quant à l'Infante Isabelle, dite Isabelle d'Espagne, elle épousera son cousin, l'archiduc Albert d'Autriche (1559-1621), et dirigera avec lui les Pays-Bas espagnols pendant plus de vingt ans. Après la mort de son époux, Isabelle continuera d'administrer les Pays-Bas en tant que gouvernante générale, assumant également le commandement de l'armée, ce qui était exceptionnel pour l'époque. Elle avait pourtant choisi de se retirer de la vie mondaine et avait pris l'habit de l'ordre des clarisses (ou ordre des Pauvres Dames), une décision qui avait engendré des changements organisationnels d'envergure dans les usages de la Cour et donné aux femmes de son entourage l'accès à des fonctions politiques de premier plan.

POUR ALLER PLUS LOIN

Stanis Perez, *Le Corps de la reine*, Perrin, 2019.

1. Pourtant, au même siècle, à Naples règne la reine Jeanne (1329-1382).

FRÉDÉGONDE, BRUNEHAUT ET DAME WU : DES FEMMES D'ÉTAT MÉCONNUES

Vous n'ignorez certainement pas la rivalité[1] des deux premières dames nommées dans le titre – **Frédégonde** (545-597) et **Brunehaut** (ou Brunehilde, selon les textes ; 543-613). Ou devrions-nous dire plutôt la *faide* royale, cette vengeance de tradition germanique qui, au Moyen Âge, autorisait deux familles à se combattre en cas d'offense. Elle prit ici la forme d'une guerre sans merci entre la Neustrie et l'Austrasie, l'assassinat étant alors le moyen principal de régler les tensions.

Pour certains, Frédégonde fut le prototype même de la mauvaise reine tant par ses mœurs que par sa façon de gouverner. Elle avait poussé le roi Chilpéric à répudier la reine Audovère puis à tuer Galswinthe, sa deuxième femme et sœur de Brunehaut. Adultérine et meurtrière (Frédégonde élimina tour à tour ses beaux-fils, puis son mari), elle n'avait pas honte de ses mauvaises actions et les assumait. Pour d'autres, elle fut une reine efficace et l'exercice du pouvoir lui seyait comme un gant.

Quant à **Wu Zetian** (625-705), qui a vécu et régné sur d'autres horizons que les nôtres, elle aussi est arrivée au pouvoir en usant de ses charmes, des intrigues, et parfois des crimes. Comme plus tard Cixi, elle est entrée au harem jeune et s'est fait remarquer par l'empereur Taizong, le fondateur

1. La belle Frédégonde, aux origines modestes, manigance pour éloigner la reine Audovère et devenir la maîtresse du roi mérovingien Chilpéric Ier. Galswinthe, la deuxième épouse du roi, est assassinée sur l'ordre de Frédégonde. La sœur de la victime n'est autre que Brunehaut, l'épouse du demi-frère de Chilpéric, Sigebert Ier, roi d'Austrasie. Elle cherche alors à se venger de la maléfique Frédégonde. Le conflit qui éclate entre les deux familles durera plus de quarante ans. Par ailleurs, Frédégonde est également à l'origine de l'assassinat de Sigebert. Si Frédégonde est décrite comme un véritable monstre, Brunehaut semble avoir été tout aussi rusée et sans scrupules. Les deux femmes ont régné après le décès de leurs époux respectifs : Frédégonde sur la Neustrie, Brunehaut sur l'Austrasie.

de la dynastie Tang. À l'instar de Frédégonde, elle fait répudier l'impératrice en titre. Bien plus cruelle que la souveraine franque, Wu Zetian tue son propre bébé pour faire accuser sa rivale. Lorsque son mari s'éteint, elle s'empare du pouvoir et gouverne à la place de Zhongzong, leur fils. Mais la « régence » ne la satisfait pas et elle finira par se proclamer « empereur ». Pendant un demi-siècle, elle dirige le pays (l'immense Chine !), commande l'armée, négocie avec les voisins…

POUR ALLER PLUS LOIN

François Cavanna, *Les Reines rouges*, Albin Michel, 2002 (roman historique).

Les odieuses

Violette Morris (1893-1944)

Messaline (vers 25-48)

Luisa Casati (1881-1957)

VIOLETTE MORRIS, PIONNIÈRE DU SPORT FÉMININ

(1893-1944)

> *Ce qu'un homme peut faire,*
> *Violette peut le faire !*

Par où commencer ? Et d'ailleurs faudrait-il commencer ? Pourquoi vous parler de femmes… odieuses ?

Cher lecteur, vous l'aurez compris, ce chapitre est stratégique. Il fait office de contrepoids. Ces femmes se sont imposées à la mémoire de la société… mais différemment. Leur ego ou leur désir d'autosatisfaction l'ont emporté contre tout le reste, et nous avons du mal à les cerner ou, si vous préférez, à nous situer par rapport à leurs choix. Comme nous le verrons, leurs contemporains n'étaient pas mieux placés que nous ne le sommes…

Violette Morris, la diablesse, l'espionne, l'athlète omnisports (football, lancers de poids, de javelot et de disque, boxe, haltérophilie, course automobile, natation, cyclisme), la scandaleuse… me paraît remplir le rôle. Alors pourquoi hésiter encore ? Une sombre légende – mais jusqu'à quel point véridique ? – entoure la vie de la plus éclectique des sportives françaises, qui semble d'ailleurs n'avoir « jamais été égalée dans l'histoire du sport féminin[1] ». C'est l'angle de vision, la perspective, qui me tracasse…

« *Ce qu'un homme fait, Violette peut le faire !* » La formule aux accents féministes lui appartient. À regarder les clichés de ce personnage étrange aux cheveux courts et gominés, à la taille imposante et à la force considérable, qui s'habillait en homme, qui aimait les femmes autant que les hommes…, on ne doute pas de sa véracité. Violette Morris, donc !

Les journaux de l'époque la décrivent comme brillantissime, intrépide, libre. Mais elle était aussi contrariante, dérangeante. Comment voulez-vous qu'il en fût autrement, puisqu'elle s'affichait nonchalamment en costumes masculins, la cigarette au coin des lèvres, qu'elle avait gagné le Bol d'or (course automobile en forêt de Saint-Germain) devant des concurrents masculins, qu'elle avait tué par arme à feu un importun venu la menacer sur la péniche où elle vivait avec sa compagne, la comédienne Yvonne de Bray[2], qu'elle s'était fait couper les seins, soi-disant pour piloter plus confortablement sa voiture… ? Déconcertante, maudite dame !

Sa vie privée d'abord, pour jeter les premiers jalons. Fille du baron Pierre-Jacques Morris, capitaine de cavalerie en retraite, Violette a été élevée au couvent de l'Assomption de Huy. À vingt et un ans, elle épouse Cyprien Gouraud ; leur mariage durera un peu moins de dix ans puisqu'ils divorceront en 1923. Pendant la Première Guerre mondiale, Violette est ambulancière pour la bataille de la Somme et estafette pour celle de Verdun. Elle a une relation amoureuse avec Raoul Paoli, sportif de haut niveau, mais assume aussi sa bisexualité à travers de nombreuses relations féminines.

1. Marie-Josèphe Bonnet, *Violette Morris. Histoire d'une scandaleuse*, Perrin, 2011.
2. Yvonne de Bray (1887-1954).

Sa carrière sportive ensuite. Je ne saurais vous raconter ses débuts, en 1912, mais il paraît qu'elle a pris goût au sport chez les nonnes. Une fois dedans, elle enregistra à son palmarès victoire sur victoire, notamment en course automobile, aviation ou athlétisme, en passant aussi par la boxe (et en se laissant tenter, au passage, par le métier de chanteuse de music-hall – un peu d'art et de douceur ne fait de mal à personne !)... Vous vous en doutez : le sport – synonyme de force et de domination – n'était pas un passe-temps franchement féminin à l'époque, alors notre Violette, censée être faible et vulnérable (comme nous toutes, Mesdames !), a dû en déranger plus d'un.

En 1927, alors qu'elle se prépare pour les premiers Jeux olympiques féminins, la Fédération française sportive féminine ne lui renouvelle pas sa licence. En cause tout ce qu'on a mentionné en guise d'hésitation au début de ce portrait. Violette s'insurge, porte plainte et... se fait pratiquer sa fameuse double mastectomie (un peu radical, mais que voulez-vous, le personnage n'était pas banal). Inutile de le préciser, la presse l'adore (compétitions, allure, langage, manières... c'est sa poule aux œufs d'or).

L'espionne enfin. Ou, pour faire plus odieux encore, la « hyène de la Gestapo ». En 1936, Violette participe aux Jeux olympiques de Munich. Dès l'année suivante, on comprend qu'elle s'est laissée recruter... par opportunisme. Elle espionne, travaille pour Vichy et pour l'Allemagne nazie, est entre autres en charge pour la Gestapo des interrogatoires (et des tortures, mais il n'y a pas de preuves écrites la concernant) des femmes résistantes, rue Lauriston.

Violette, qui adorait conduire, s'est fait une joie d'être le chauffeur du colonel Sarton du Jonchay[1] ou de diriger un garage parisien réquisitionné par la Luftwaffe[2]. Elle prend une part active au ravi-

1. Sarton du Jonchay (1899-1988) est un membre du gouvernement Laval. Il a fait partie de la Légion des volontaires français contre le bolchevisme.
2. Forces aériennes allemandes.

taillement de l'hôtel Lutetia à Paris, où siège l'Abwehr, le service de renseignement allemand. C'est d'ailleurs ce qui lui coûta la vie puisque, en conduisant en Normandie un couple de collabos visé par la Résistance, leur voiture a été la cible d'une attaque de résistants.

Difficile de tirer une conclusion, non seulement parce que les biographes se contredisent ou ont du mal à se mettre d'accord sur les éléments fournis par les documents concernant les choix de vie de Violette Morris ; mais surtout parce que certaines vies – pour ne pas dire toute vie – ne se laissent enfermer dans une formule ou une explication. Avant de vous inviter à donner la vôtre, je dirais que cette *odieuse*-ci était prête à tout pour mener la vie qu'elle souhaitait. Et elle a donc dû en assumer les conséquences.

POUR ALLER PLUS LOIN

Gérard de Cortanze, *Femme qui court. Violette Morris, la scandaleuse*, Albin Michel, 2019 (roman).

Bertrand Galic, Kris, Javi Rey, *Violette Morris. À abattre par tous les moyens*, Futuropolis, 2018 (B.D. en 2 tomes).

Victor Margueritte, *La Garçonne*, Archipoche, 2021 (roman sulfureux des Années folles).

MESSALINE, LA « PUTAIN IMPÉRIALE »

Valeria Messalina, qui a vécu au Iᵉʳ siècle de notre ère (vers 25-48), a été la troisième épouse de l'empereur Claude, et mère de Britannicus et Octavie. Mais si l'on en croit les sources – dont les historiens Tacite et Suétone, mais aussi les satires du poète Juvénal –, c'est sa réputation sulfureuse qui, balayant l'oubli auquel devait l'assujettir la *damnatio memoriae*, fait d'elle un symbole de la décadence et de la dépravation. En effet, Messaline fut accusée de tous les vices, du désir féminin incontrôlable au crime cruel et sans raison…

Sa vie, ou plutôt ce que nous en connaissons, semble commencer par son mariage avec Claude. Lorsque ce dernier accède au pouvoir, elle sera comblée d'honneurs, ce qui toutefois n'a rien d'exceptionnel dans l'époque. Mais c'est à partir de là qu'elle devient *regina meretrix* («reine prostituée»), prédatrice à l'appétit sexuel insatiable. Ainsi dit-on que l'impératrice érotomane – malfaisante, impitoyable, meurtrière – se prostituait sans vergogne dans les bordels de Rome. En tant qu'intermédiaire auprès de son mari, Messaline usait et abusait de son pouvoir, éliminant ses ennemis ou ses rivales sans état d'âme. Une de ses victimes célèbres fut le philosophe stoïcien Sénèque, accusé d'adultère et exilé.

Et puis, d'excès en excès, elle finit par perdre complètement la tête et la mesure. Une énième aventure amoureuse avec Caius Silius, qui lui demanda de l'épouser, allait causer sa chute: avec son amant, elle complota pour renverser Claude, ce qui lui valut d'être condamnée à mort.

Il ne reste pas de portraits de Messaline, et les éléments biographiques dont nous disposons sont, certes, pauvres (en raison, rappelez-vous, de la *damnatio memoriae* qu'elle avait subie). Cependant, tout comme Violette Morris et la Casati (voir ci-après), l'impératrice romaine a inspiré de nombreux artistes, écrivains, et même des musiciens. On en a donné tant de versions variées, allant de la jeune femme romantique à la courtisane vénale... Les historiens eux-mêmes se sont montrés plus ou moins compréhensifs envers le personnage...

Une question surgit, que je vous pose à mon tour: avoir maîtrisé ses choix de vie et s'être mise à l'égal des hommes suffirait-il pour faire de Messaline une «pionnière» du féminisme?

POUR ALLER PLUS LOIN

Jean-Noël Castorio, *Messaline. La putain impériale*[1], Payot, 2015.

1. Une très bonne biographie, et surtout la seule en français à ce jour consacrée à Messaline. Néanmoins, le volume (463 p.) et certaines pages très détaillées et très érudites font qu'elle s'adresse surtout aux passionnés.

LUISA CASATI, LA REINE DE LA DÉMESURE

(1881-1957)

> « Lorsque le portrait que Boldini avait fait d'elle est exposé au Salon, la terrifiante marquise n'a qu'une idée en tête : que le monde entier le voie !

Fille d'Ève ou de Lilith ? Ces deux femmes ont défié la norme, même si ce ne fut pas de la même façon ni pour les mêmes raisons. Celle que je vous propose d'évoquer dans ce qui suit a elle aussi défié les règles et enflammé l'imagination de ses contemporains. Son nom est à jamais lié à l'art, puisque plus d'une centaine de peintres ont fait son portrait. Alors, était-elle belle ? Riche ? Extravagante ? Inspirer les artistes était-il son seul mérite ? La ranger parmi « les odieuses » a dû vous mettre sur la piste et, je l'espère, éveiller votre curiosité. Voyons maintenant ce qu'il en est vraiment.

J'ai appris récemment que la silhouette majestueuse de la marquise Casati, au visage pâle encadré par un joli col de fourrure et coiffé d'un superbe chapeau emplumé (c'était la merveilleuse Belle Époque !), telle qu'elle nous est parvenue par le tableau célèbre de Giovanni Boldini, avait autrefois déambulé dans les rues de la ville-parc du Vésinet, dans les Yvelines, où elle possédait une superbe villa : le Palais rose…

Je me promène souvent dans ce coin tranquille, passant devant cette bâtisse nichée dans la verdure, qui rappelle par son architecture le Grand Trianon. Cependant, je ne me doutais pas de ce que son histoire cachait d'étourdissant et de sensationnel.

Juste avant la Casati, cette magnifique demeure avait connu, entre autres propriétaires illustres, le comte Robert de Montesquiou, homme de lettres et dandy alors très en vue. Pour vous donner une vague idée du personnage, il fut le prototype du baron de Charlus, dans *La Recherche* de Proust, rien que cela… Et afin de vous faire entrer dans l'univers d'opulence et de raffinement de cette splendide bâtisse ayant appartenu à notre aguichante Italienne, sachez qu'après la ruine de la marquise Casati, la grande vasque de marbre rose a été acquise par le château de Versailles et exposée dans le jardin du Pavillon de l'Amour ; autrefois, cette pièce avait en effet servi de baignoire à la marquise de Montespan, favorite de Louis XIV, et à la Pompadour… Et pour l'anecdote, une autre femme célèbre avait rêvé de mettre ses valises au Palais rose : Joséphine Baker.

Mais ne prolongeons plus le suspense et revenons à Luisa Amman (la future marquise Casati), dont ce Palais rose précipita la ruine. Elle est née à Milan en 1881, dans une famille fortunée. Petite, elle aimait dessiner et appréciait – déjà ! – les beaux habits et les parures. Alors qu'elle n'était qu'une adolescente, Luisa s'est retrouvée orpheline de ses deux parents. La voilà donc riche héritière, soit un beau parti, très convoité comme vous vous en doutez. C'est à peu près le moment où le marquis Camillo Casati fait son entrée en scène, heureux de l'épouser et de l'emmener en lune de miel à… Paris. Imaginons un instant ce Paris prospère et éclatant, cette Ville Lumière centre du monde artistique. C'est le Paris de l'Exposition universelle, des galeries d'art, des fêtes, le Paris rayonnant que le monde entier rêvait de voir. La marquise est durablement conquise, et comment ne le serait-elle pas ?

De retour à Milan, elle donne naissance à une petite fille, mais n'ayant pas – mais alors pas du tout ! – la fibre maternelle, elle la met aussitôt chez une nourrice. Équitation, sciences occultes, fêtes l'occupent un moment. Mais Luisa aspire à… l'immortalité, et rien ne sera jamais de trop pour y arriver. Éblouir, pourquoi pas ? Sidérer, ce serait encore mieux. Se teindre les cheveux en roux ou en orange (et parfois en vert !), les faire couper court, appliquer de fines bandes de velours noir sous ses yeux pour les rendre plus expressifs, se montrer habillée juste d'un… serpent entourant son cou, les idées saugrenues ne manquent pas.

D'où lui venait ce besoin d'attirer l'attention sur elle, de provoquer ? Serait-ce le fait d'avoir perdu ses parents jeune qui l'ait ainsi rendue insatisfaite face à ce que le quotidien et l'entourage pouvaient lui offrir ?

Nous la retrouvons ensuite à Rome, via Piemonte, dans une somptueuse demeure qu'elle s'appliqua à décorer – une passion qu'elle entretiendra toute sa vie et pour laquelle elle était d'ailleurs plutôt douée. Mais là encore elle veut se distinguer, sortir du lot. Des chardonnerets mécaniques dorés piaillent dans les pièces de réception, et ses jardins sont peuplés de paons, chats, lévriers, guépards… On disait de la Casati qu'elle aimait les animaux. C'est certainement la raison pour laquelle elle avait décoré sa demeure de peaux d'ours polaires, à l'éblouissant effet blanc et or !

Louisa entretient alors une liaison – parmi de nombreuses autres, car c'est une collectionneuse – avec le poète Gabriele D'Annunzio, un excentrique lui aussi. Elle revient à Paris, qu'elle veut charmer, avant de séduire… le monde entier. Et pour se faire connaître par tous et partout, elle recourt même à la publicité. Sa chevelure de feu, ses yeux troublants qui évoquent un sabbat, ses frasques, lui valent le surnom d'anti-Joconde. Figurez-vous qu'elle en est... ravie. Lorsque le portrait que Boldini avait fait d'elle est exposé au Salon (en 1909), la terrifiante marquise n'a qu'une idée en tête : que le monde entier le voie!... Elle autorise donc les magazines tant français qu'étrangers à en publier la reproduction.

Aux origines de la publicité : la « réclame »

Lorsque, par désir de célébrité, la Casati bataille avec Boldini pour qu'il donne son accord à la reproduction de son tableau la représentant, le peintre n'a que du mépris pour la « réclame » et n'y entrevoit même pas la possibilité de se faire connaître par ces moyens... Ce qui vaut pour le modèle (la marquise Casati) ne semble pas digne pour l'artiste (Boldini). Pourtant, avant 1914, de grands peintres comme Toulouse-Lautrec, Édouard Manet, Alphonse Mucha, Félix Vallotton ou Pierre Bonnard sont aussi affichistes, c'est-à-dire créateurs d'affiches. La rencontre entre l'art et l'affiche aura pour conséquence la valorisation de cette dernière, qui deviendra ainsi – pendant la Belle Époque – l'« œuvre d'art » accessible à toute la société.

La guerre arrive et affole notre marquise en quête de notoriété : les hommes sont au front, il n'y a plus assez d'yeux pour l'admirer, ni assez de bouches pour jacasser et la jalouser. Vous comprenez, elle avait besoin de public pour jouer son personnage.

Lorsqu'elle achète le Palais rose, aux portes de Paris, la Casati a quarante ans. Nous sommes maintenant loin de la Belle Époque. Désormais, on danse le charleston, on porte la minijupe et on se coiffe court, « à la garçonne »... Il lui faut aller encore plus loin dans la démesure pour se maintenir sous les feux de la rampe. Mais la décadence ne fait que commencer pour Luisa.

Vous avez maintenant saisi le personnage, la marquise noire s'ennuyait vite. Se distraire était vital : les bals, les fêtes, les voyages, et surtout les portraits… *Ses* portraits. Man Ray la prend en photo : le célèbre cliché à quatre yeux la ravit. C'est spectaculaire, et c'est ce qu'elle recherche par-dessus tout. Elle devient la muse d'artistes célèbres : Adolf de Meyer, Cecil Beaton, Filippo Tommaso Marinetti, Umberto Boccioni, Giacomo Balla. Les couturiers et les illustrateurs de mode (tels Mariano Fortuny, Léon Bakst, Erté, René Lalique, Paul Poiret…) lui courent également après. Au fil des années, la marquise passera des commandes pour des portraits de plus en plus grands et de plus en plus exubérants. Elle se fait représenter en Apache, en Castiglione, en lion, en César Borgia… Bien sûr, elle payait tous ces costumes excessivement cher. À une réception, elle porta le costume de saint Sébastien : imaginez son apparition accompagnée de ses serviteurs et d'un… électricien afin qu'il branchât les illuminations de son déguisement ! Une autre fois, lors d'un bal masqué, elle parada dans l'accoutrement du comte de Cagliostro[1], tenant en laisse deux guépards…

Les « chérettes », premiers mannequins publicitaires

La publicité apparaît au XIXe siècle avec le développement industriel et s'adapte aux nombreux supports médiatiques qui la véhiculent : presse, journal d'entreprise, affichage, etc.

Le créateur de l'affiche publicitaire en couleurs est Jules Chéret (1836-1932). Surnommé par ses contemporains « roi de l'affiche » ou « Watteau des rues », il a marqué son époque par le style enjoué de ses affiches destinées tant

1. Joseph Balsamo, « comte de Cagliostro » (1743-1795), est un aventurier sicilien – et charlatan sûrement. Sa vie reste mal connue.

au commerce qu'au spectacle. Le personnage principal de celles-ci est le plus souvent une femme – la « chérette ». Jolie, pétillante, le sourire aux lèvres et toujours en mouvement : c'est un hommage à la Parisienne de la Belle Époque.

Par ailleurs, sachez que le premier mannequin de mode est **Marie Venet**, la femme d'un couturier anglais, Charles Frederick Worth. À partir de 1858, elle présente les créations de son mari à sa clientèle. Par la suite, Worth aura d'autres mannequins, qu'il choisira selon des critères qui n'ont rien à voir avec les nôtres aujourd'hui : ni la taille ni même la beauté ne comptaient autant que l'exigence de… marcher en ligne droite.

Quand Luisa Casati passe la cinquantaine, tout s'écroule. À force de dépenser pour tout et n'importe quoi, ses dettes sont immenses. À la fin, il ne lui reste qu'un collier de cuivre, ses faux cils et quelques livres de son vieil ami D'Annunzio… Se rappelant peut-être qu'elle avait eu autrefois une fille, qui vit à Londres, comme quelques amis, elle s'y rend. Elle habite alors une jolie maison à Piccadilly, mais lorsque la Seconde Guerre éclate, sa situation empire encore et elle doit déménager dans un petit appartement miséreux à Hamilton House. Luisa fait de la peine désormais, au milieu de son bric-à-brac… Elle meurt en 1957, d'une commotion cérébrale après une séance de spiritisme.

La mort transforme la vie en destin, et le dessin incertain de la tapisserie nébuleuse qu'est notre existence devient enfin visible. Les événements sans importance s'estompent pour ne laisser ressortir que ceux qui ont réellement compté. Luisa, quant à elle, s'était agrippée avec force à la seule idée qui comptait à ses yeux et qui avait organisé sa vie. Rappelez-vous, pour convaincre le peintre Boldoni de consentir à la reproduction de son tableau, elle lui avait annoncé ceci : « La seule œuvre d'art c'est moi, et je veux que mon nom soit sur toutes les lèvres. » C'était cela son projet, sa façon de s'attaquer à l'humaine condition. Je vous l'accorde, il manque affreusement de grandeur, de générosité, de noblesse. On finit par se lasser de l'enchaînement d'excès qu'a été son existence, et on a du mal à ressentir de l'empathie pour la marquise. Certes, elle a été muse et mécène, mécène et muse, et elle a côtoyé la fine fleur des intellectuels et artistes de son temps. Mais avec quel résultat ? Trop de caprices, trop d'extravagance, trop d'exhibitionnisme.

J'avoue, pour ma part, avoir du mal à comprendre aujourd'hui la fascination qu'elle avait suscitée à l'époque, de même que l'admiration béate de nombre de ses contemporains. Alors pourquoi avoir choisi de parler de la Casati ? Pour sa singularité ? Un peu, je l'avoue. Une femme fatale hors normes, différente de toutes celles que l'on connaît, même si la comtesse de Castiglione[1] n'était pas mal non plus dans son genre. Mais, outre la réflexion existentielle que le portrait de la sombre marquise me semble susciter à travers son désir maladif de contrôler son image, il m'a aussi permis de vous parler de l'importance des premières photos, de l'essor de

1. Virginia de Castiglione (1837-1899), femme d'une beauté exceptionnelle, séduit Napoléon III sur les conseils de son cousin le comte de Cavour, et devient sa maîtresse. Ses caprices et son narcissisme finiront par lasser l'empereur au bout de deux années. La comtesse de Castiglione partage avec la marquise Casati l'amour du costume et le désir de célébrité, mais elle s'intéresse à la politique et son rêve est de marquer l'Histoire. Comme Luisa Casati, elle s'est fait tirer le portrait par des photographes de renom, et c'est grâce à ses clichés qu'elle échappera à l'oubli. La belle comtesse est morte seule, au milieu de ses chiens empaillés (autre passion commune des deux femmes).

la publicité d'art à travers la « réclame », ainsi que de l'apparition fracassante d'un métier qui fera florès dans le domaine de la mode : celui de modèle.

POUR ALLER PLUS LOIN

Vanna Vinci, *La Casati. La muse égoïste*, Dargaud, 2013.

DES NAINS SUR DES ÉPAULES DE GÉANTES…

Nos sumus quasi nani gigantum humeris insidentes. **Nous sommes des nains assis sur des épaules de géants…** C'est une image fameuse, que j'ai toujours rêvé de glisser dans une conversation, un essai, un livre…

Cette expression fut utilisée pour la première fois, semble-t-il, par Bernard de Chartres[1], qui voulait ainsi rendre compte de l'importance de la transmission des connaissances d'une génération à l'autre. Moi, je l'avais découverte par le truchement d'un autre « clerc », parti depuis rejoindre les « géants » : Umberto Eco. Mais beaucoup d'autres l'utilisèrent à travers les époques (de Newton à Pascal ou à Victor Hugo…) et, j'ose espérer, l'utiliseront encore à bon escient…

Il y a à la fois une profonde **humilité** et une réjouissante **confiance** dans cette formule, que le latin rend – en tout cas à mes yeux – encore plus émouvante, et donc plus puissante : ceux qui nous ont précédés, nos anciens, ont consciencieusement et courageusement déblayé le chemin devant nous. Ils nous portent et nous élèvent pour nous permettre d'élargir et de perfectionner

1. Bernard de Chartres est un auteur du XIIe siècle.

notre vision, notre action. Pour que nous allions encore plus loin qu'eux…

C'est, il me semble, la parfaite conclusion des pages que vous venez de lire et qui se veulent **d'abord un hommage aux femmes remarquables qui nous ont précédés.** Celles-ci se sont imposées dans un monde le plus souvent hostile. Leur scène ? Le vaste monde. Leur temps ? L'histoire de l'humanité. Leur domaine ? Tous ceux de la vie…

Derrière ou à côté de chacune de ces femmes, il y a eu une ou plusieurs personnes pour les soutenir, les encourager. Souvent un homme – père, frère ou mari. Ces derniers ont sincèrement cru en elles, en leurs capacités. Cela est d'ailleurs également valable pour toute personne ayant réussi une entreprise. **On ne réussit jamais tout seul, ni toute seule** : faut-il encore le rappeler ? L'intelligence, le travail, la volonté ne suffisent pas. Le mérite seul est rarement reconnu. Les exceptions ne sont généralement pas admises. Les raisons de cette hostilité qu'on oppose d'ordinaire aux réformateurs (et je prends ce mot dans son sens le plus général) sont multiples. Le plus simple est de pointer l'incompréhension, la jalousie, la bêtise. Mais, bien sûr, en réalité, c'est beaucoup plus complexe que cela.

Ce qui nous rend uniques, exceptionnels, transcende le sexe, la couleur de peau, et toutes les autres catégories qu'on a inventées pour nous séparer et nous opposer les uns aux autres, et qui ne sont à mes yeux que des détails sans importance. Les femmes peuvent tout *non pas parce que* ce sont des femmes mais parce que, en terme de qualités humaines, **rien ne les distingue des hommes**. L'être humain (hommes et femmes confondus) est capable du meilleur comme du pire, et nous sommes tous responsables de nos actes.

Pour revenir au sujet de ce livre – si vous m'avez suivie jusqu'ici –, la plupart des femmes dont il a été question sont passées outre l'adversité. Ces pionnières ont eu le courage, l'énergie – ou simplement l'occasion – de résister devant les nombreuses épreuves, et ont contribué à la recherche scientifique, à la littérature ou aux arts. **Ce sont des géantes qui nous portent sur leurs épaules.** Et si, pour conclure ce périple, je retourne à la sentence de Bernard de Chartres, c'est pour rappeler encore et toujours sa sagesse. Reconnaître le mérite de ces grandes dames, étudier leur exemple, faire preuve de modestie me semble primordial, **avant d'oser à notre tour**. Ne laissons pas l'actualité nous tromper par de simples effets d'optique : **se hisser sur les épaules des géantes n'est pas si simple que cela en a l'air.**

Il faut donc se représenter *celle/celui qui porte* et *celle/celui qui est porté(e)* **réunis par un seul élan**. Avec un appui si solide, comment douter encore ?

BIBLIOGRAPHIE

Non exhaustive

ANTIER Chantal, « Espionnage et espionnes de la Grande Guerre », *Revue historique des armées*, n° 247, 2007.

ASSMANN Jan, *La mémoire culturelle. Écriture, souvenir et imaginaire politique dans les civilisations antiques*, Paris, Aubier, 2010.

BAILES KENDALL E., IMBERT Marie-José, « Alexandra Kollontaï et la Nouvelle Morale », *Cahiers du monde russe et soviétique*, vol. 6, n° 4, octobre-décembre 1965.

BAUDET Jean C., *Les + Grandes Femmes de la science*, Éditions La Boîte à Pandore, 2014.

BEAUNE Colette, « La mauvaise reine des origines. Frédégonde aux XIVe et XVe siècles », *Mélanges de l'École française de Rome. Italie et Méditerranée*, tome 113, n° 1, 2001.

BIANCHINI Michelle, « Les autoportraits de Sofonisba Anguissola, femme peintre de la Renaissance », *Italies Revue d'études italiennes*, Université de Provence, n° 3, « Femmes italiennes », 1999.

CHANG Jung, *L'impératrice Cixi. La concubine qui fit entrer la Chine dans la modernité*, JC Lattès, 2015.

CHAVAUD Frédéric, MALADIN Gilles (dir.), *Impossibles victimes, impossibles coupables. Les femmes devant la justice (XIXe-XXe siècles)*, Presses universitaires de Rennes, coll. « Histoire », 2009.

COPPEL-BATSCH Marthe, « Artemisia Gentileschi (1593-1653). Sexualité, violence, peinture », *Adolescence*, vol. 26, n° 2, 2008.

DAVIS Robert C., *Esclaves chrétiens, maîtres musulmans. L'esclavage blanc en Méditerranée (1500-1800)*, Actes Sud, 2007.

DHUICQ Bernard, « Aphra Behn, écrivain professionnel : du plagiat aux droits d'auteur », *XVII-XVIII. Bulletin de la société d'études anglo-américaines des XVIIe et XVIIIe siècles*, n° 50, 2000.

EDELMAN Nicole, « Nellie Bly, 10 jours dans un asile », *Revue d'histoire du XIXe siècle*, n° 52, 2016.

FOCSA Daniel, *Escadrila Albă, o istorie subiectivă*, București, Editura Vremea, 2008 (rééd. Iași, Editura Institutul European, 2013).

GARDOU Charles, « Helen Adams Keller : de la fillette sourde et aveugle à l'écrivain et à la conférencière », *Reliance – Revue des situations de handicap, de l'éducation et des sociétés*, n° 16, 2005/2.

GIROD Virginie, *Théodora prostituée et impératrice de Byzance*, Tallandier, coll. « Texto », 2020.

GORDON Will (Mme), *A woman in the Balkans*, FRGS (Winifred Gordon) Thomas Nelson and Sons, Ltd., Londres, 1918.

GREENE Virginie, « Le débat sur le *Roman de la Rose* », *Cahiers de recherches médiévales*, 14 spécial, 2007.

GUELTON Frédéric, « Le dossier Mata Hari », *Revue historique des armées*, n° 247, 2007.

JACCOTTET Anne-Françoise, « Hypatie d'Alexandrie entre réalité historique et récupérations idéologiques : réflexions sur la place de l'Antiquité dans l'imaginaire moderne », *Études de lettres*, 1-2, 2010.

JACKSON John P., « "Carmen Sylva" Roumania's Poet-Queen », *Le Cosmopolitan*, vol. VI, novembre 1888-avril 1889, New York, John Brisben Walker, 1889.

KAUFMANN-KHELIFA Nathalie, *Elles ont osé. 100 femmes d'exception à travers l'histoire*, Glénat, 2017.

LADJALI Cécile, « Quand j'écris je ne suis d'aucun sexe », *Diogène, Revue internationale des sciences humaines*, PUF, 2004/4, n° 208.

MARIN Dominique, « Marylin Monroe, la lumière et le nom », *L'En-je lacanien*, 2010/2, n° 15, p. 113-154.

MERLE-BÉRAL Hélène, *17 femmes prix Nobel des sciences*, Odile Jacob, 2016.

MONROE Marilyn, *Fragments. Poèmes, écrits intimes, lettres*, Seuil, 2010.

MOULINIER Laurence, « La botanique d'Hildegarde de Bingen », *Médiévales*, n°s 16-17, « Plantes, mets et mots. Dialogues avec André-Georges Haudricourt », 1989.

MOULINIER-BROGI Laurence, « Les merveilles de la nature vues par Hildegarde de Bingen (XIIe siècle) », *Actes des congrès de la Société des historiens médiévistes de l'enseignement supérieur public*, 25e congrès, Orléans, 1994.

MOULINIER Pierre, *Les étudiants étrangers à Paris au XIXe siècle. Migration et formation des élites*, Presses universitaires de Rennes, 2012.

MOUSSET Albert, « Les droits de l'infante Isabelle-Claire-Eugénie à la couronne de France », *Bulletin Hispanique*, tome 16, n° 1, 1914.

MULLIGAN Maureen, « Écrivaines de voyage et journalistes de passion aux frontières de l'Europe des années trente et quarante (Rebecca West, Martha Gellhorn) », dans *Voyageuses dans l'Europe des confins (XVIIIe-XXe siècles)*, dir. Nicolas BOURGUINAT, Presses universitaires de Strasbourg, coll. « Sciences de l'histoire », 2019.

NAUDIER Delphine, « L'irrésistible élection de Marguerite Yourcenar à l'Académie française », *Cahiers du Genre*, 2004/1, n° 36.

PATAPIEVICI Horia-Roman, *Partea nevăzută decide totul* [« C'est la partie invisible qui décide de tout »], București, Humanitas, 2015.

PINARD Paulette, « Maria Sibylla Merian (1647-1717) et les lépidoptères », *Bulletin de la Société entomologique de France*, vol. 102 (4), octobre 1997.

PLANTAGENET Anne, *Marylin Monroe*, Gallimard, 2007.

PLEȘU, LIICEANU, PATAPIEVICI, *O idee care ne sucește mințile* [« Une idée qui nous fait tourner la tête »], București, Humanitas, 2014.

ROWLEY Hazel, *Tête-à-tête. Beauvoir et Sartre, un pacte d'amour*, Grasset, 2006.

SALLENAVE Danièle, *Castor de guerre*, Gallimard, 2008.

SARTORI Éric, *Histoire des femmes scientifiques, de l'Antiquité au XXe siècle*, Plon, 2006.

SARTRE Maurice, *Cléopâtre. Un rêve de puissance*, Tallandier, 2018.

THÉBAUD Françoise, *Les femmes au temps de la guerre de 14*, Éditions Payot & Rivages, coll. « Histoire », 2013.

THIERRY Augustin, *Récits des temps mérovingiens*, tome 1er (2e édition), Paris, Just Tessier Libraire-Éditeur, 1842.

VERDIER Thierry, « La villa Benedetta et la difficile carrière de Plautilla Bricci, femme architecte dans la Rome du XVIIe siècle », *Livraisons de l'histoire de l'architecture*, n° 35, 2018.

VIENNOT Éliane, *L'invention de la loi salique et ses répercussions sur la scène politique de la Renaissance,* Presses universitaires de Rennes, 2003.

VIOLLET Paul, « Comment les femmes ont été exclues, en France, de la succession à la couronne », *Mémoires de l'Institut national de France*, tome 34, 2e partie, 1895.

SITOGRAPHIE

https://www.academia.edu/8368179/_Jos%C3%A9phine_Pencalet_une_Penn_sardin_%C3%A0_la_Mairie_dans_Arlette_Gautier_et_Yvonne_Guichard_Claudic_dir_Bretonnes_Presses_universitaires_de_Rennes_%C3%A0_para%C3%AEtre

Landau Cecilia, « Les courtisanes dans la Grèce classique : entre réalité et représentation : approche prosopographique, philologique et rhétorique », Études classiques, Université de Strasbourg, 2018. Français. https://tel.archives-ouvertes.fr/tel-02080087/document

Harich-Schwartzbauer Henriette, « Hypatie d'Alexandrie », *Clio. Femmes, Genre, Histoire* [Online], 35, 2012.

https://plume-dhistoire.fr/julie-victoire-daubie-premiere-femme-a-obtenir-le-baccalaureat/

Guastini Daniele, « Voir l'invisible. Le problème de l'*eikon* de la philosophie grecque à la théologie chrétienne », *Images Re-vues* [Online], 8 | 2011, Online since 01 March 2011, connection on 09 March 2021. URL : http://journals.openedition.org/imagesrevues/703 ; DOI : https://doi.org/10.4000/imagesrevues.703

https://histoireparlesfemmes.com/2013/03/23/grace-omalley-princesse-pirate/

https://ablock.fr/violette-morris-cette-amazone-qui-voulait-vivre-comme-un-homme/

www.revistamemoria.ro/wp-content/uploads/2017/11/60-daniel-focsa-mariana-dragescu-si-escadrila-sanitara.pdf

https://gallica.bnf.fr/blog/02122015/violette-morris-parcours-dune-scandaleuse?mode=desktop

www.ina.fr/video/PAC9602272948

https://gallica.bnf.fr/blog/09012019/aphra-behn-espionne-et-femme-de-lettres?mode=desktop

www.francemusique.fr/culture-musicale/hildegard-von-bingen-10-petites-choses-que-vous-ne-savez-peut-etre-pas-sur-la-compositrice-65643

https://www.theguardian.com/travel/2020/may/31/florence-baker-polyglot-slave-girl-turned-explorer

https://news.psu.edu/story/217278/2004/02/03/science-historian-chronicles-true-story-lady-florence-baker

https://lejournal.cnrs.fr/articles/sophie-germain-une-pionniere-enfin-reconnue

www.francemusique.fr

https://core.ac.uk/download/pdf/322601999.pdf

www.gallimard.fr/Footer/Ressources/Entretiens-et-documents/Plus-sur-l-auteur/En-savoir-plus-sur-Marguerite-Yourcenar

www.nature.com/articles/d41586-020-00749-3

Shetterly Margot Lee, *Katherine Johnson (1918-2020). NASA mathematician who calculated trajectories for early space flights.* https://www.nasa.gov/content/katherine-johnson-biography

https://www.historic-uk.com/HistoryUK/HistoryofBritain/Florence-Lady-Baker/

https://passionmedievistes.fr/vies-de-medievaux-4-anne-comnene-princesse-byzantine-et-historienne/

www.versailles.fr/culture/etablissements/bibliotheques-municipales/jenny-de-vasson-une-photographe-a-versailles-en-1900/

https://www.napoleon.org/histoire-des-2-empires/biographies/duchemin-marie-angelique-veuve-brulon-1772-1859-premiere-femme-decoree-de-la-legion-dhonneur/

REMERCIEMENTS

Je voudrais d'abord remercier tout particulièrement mon amie **Magali Vidal-Revel** pour sa relecture de qualité, ses conseils avisés et son soutien constant.

J'exprime également ma gratitude à mon ami **Jean Bart** pour sa disponibilité et pour nos échanges passionnants sur des questions historiques et juridiques, qui m'ont beaucoup apporté et dans lesquelles il est spécialiste.

Ma reconnaissance s'adresse aussi à **Camille Manche**, **Monica Garoiu**, **Géraldine Lemauf-Beauvois**, **Pascale Marie** et **Alexandra Antonova**, dont les conversations enrichissantes m'ont aidée à mieux cerner ma réflexion.

Enfin, je remercie chaleureusement mon éditrice, **Zoé Laboret**, pour son accompagnement intelligent et bienveillant.

INDEX

C

Imprimé en France en août 2021
par Normandie Roto Impression s.a.s.
61250 Lonrai
N° d'impression : 2104331
Dépôt légal : septembre 2021
ISBN : 9782380154849